Zeit *der* Pharaonen

Peter Ackroyd

**LONDON, NEW YORK,
MELBOURNE , MÜNCHEN und DELHI**

Lektorat David John
Redaktion Susan Kennedy
Bildredaktion Stefan Podhorodecki
Bildbetreuung Joe Conneally,
Philip Letsu, Floyd Sayers
Cheflektorat Andrew Macintyre
Chefbildlektorat Jane Thomas
Projektbetreuung Caroline Buckingham
Programmleitung Jonathan Metcalf
Herstellung Rochelle Talary
DTP-Design Siu Yin Ho
Bildrecherche Jo de Gray, Sarah Pownall
Bildarchiv Sarah Mills, Karl Stange
Umschlaggestaltung Neal Cobourne
Beratung James Putnam

Für die deutsche Ausgabe:
Programmleitung Monika Schlitzer
Projektbetreuung Kathrin Schmidt,
Martina Glöde
Herstellungsleitung Dorothee Whittaker
Herstellung Gerd Wiechcinski

Bibliografische Information Der Deutschen Bibliothek
Die Deutsche Bibliothek verzeichnet diese Publikation
in der Deutschen Nationalbibliografie;
detaillierte bibliografische Daten sind im Internet über
http://dnb.ddb.de abrufbar.

Titel der englischen Originalausgabe:
Voyages through Time: Kingdom of the Dead

Übersetzung Angela Wagner
Redaktion Christiane Burkhardt

ISBN 3-8310-0679-2

Colour reproduction by
Media, Development and Printing Ltd
Printed and bound in Italy by L.E.G.O.

Besuchen Sie uns im Internet
www.dk.com

Inhalt

Am Anfang gab es nur
Wasser und Dunkelheit. Und diesem Wasser, dem Urozean „Nun", entstieg der Schöpfergott Atum.

Der Gott nahm die Gestalt eines Reihers an und ließ sich auf einem kleinen Hügel mitten im Wasser nieder. Dann stieß er einen lauten Schrei aus und setzte damit die Schöpfung in Gang. Jetzt gab es nicht nur Dunkelheit, sondern auch Licht, und das Unbekannte wurde bekannt. In einem Tempel der altägyptischen „Sonnenstadt" Heliopolis verehrte man den Schöpfungshügel, auf dem sich Atum niedergelassen hatte, als kleine goldene Pyramide.

Doch die Ägypter kannten noch andere Schöpfungslegenden. In allen spielen die Sonne und das Wasser eine große Rolle. Ein Ibis – der Vogel, der den Gott Thot verkörperte, – soll ein Ei auf den Schöpfungshügel gelegt haben, mit dem die Schöpfung begann. Vielleicht tauchte auch eine Lotosblume aus den dunklen Tiefen des Wassers auf. Als sich ihre Blüte öffnete, entstieg ihr der Sonnengott Re in Gestalt eines kleinen Jungen.

Die Ägypter glaubten tatsächlich an diese Legenden. Sie halfen ihnen, die Welt um sie herum besser zu verstehen. Sonne und Hitze bestimmten ihr Leben, sodass sie auf das Wasser des Nils angewiesen waren. Doch die Sonne ging jeden Abend unter, und der Nil trat nur einmal im Jahr über die Ufer. Auf das Licht folgte die Dunkelheit und umgekehrt. Weil die Sonne jeden Tag auf- und wieder unterging, musste auch die Schöpfung jeden Tag neu stattfinden. Die Ägypter glaubten, dass die Sonne jeden Abend von der Him-

melsgöttin Nut verschlungen wurde. Anschließend
wanderte sie in die Unterwelt, um von Nut am nächsten Morgen wieder zur Welt gebracht zu werden. Aus demselben Grund
glaubten die Menschen auch, dass die Toten im Jenseits wieder
lebendig werden. So wie auch der Nil zurückwich, um im darauf
folgenden Jahr wieder über die Ufer zu treten, folgte auf jeden Tod
eine Wiedergeburt.

Und es war, wie Re sagte: „Als ich weinte, entstand der Mensch aus
meinen Tränen." Wasser und Leben waren also untrennbar miteinander verbunden – selbst, wenn das Wasser aus Tränen stammte.
Die alten Ägypter betrachteten ihr Land als den Mittelpunkt der
Welt. Außerhalb herrschten Krieg und Chaos. In ihren Schöpfungslegenden liegt der Urhügel stets mitten in einem dunklen Meer.
Dasselbe trifft auch auf den fruchtbaren Boden Ägyptens zu, denn
er ist überall von Wüste umgeben. Dieser Gegensatz zwischen Leben
und Tod wirkte sich stark auf den Glauben der Ägypter aus. So wie
die Sonne den Kreislauf des Lebens darstellte, indem sie von Osten
nach Westen über den Himmel wanderte, verkörperte ihn der Nil,
indem er von Süden nach Norden floss. Alles im alten Ägypten
drehte sich um den Nil. Er war die Hauptnahrungsquelle des Landes.
Er war das Wasser, aus dem alles Leben entsprang.

KAPITEL EINS

Herrscher *über* zwei Länder

In den Sommermonaten Juli und August schwoll der Nil jedes Jahr an und trat über seine Ufer. Wer nicht aus Ägypten stammte, wunderte sich über dieses verblüffende Schauspiel, das allen Naturgesetzen zu widersprechen schien.

DER GRIECHISCHE GESCHICHTSSCHREIBER Herodot bemerkte: „Niemand, nicht einmal die Priester, konnten mir den Grund für das Verhalten des Nils nennen." Die alten Ägypter wussten nicht, warum das Wasser ausgerechnet in den heißesten und trockensten Monaten des Jahres zurückkehrte und machten die Götter dafür verantwortlich. Heute weiß man, dass die Quelle des Nils ganz weit im Süden liegt, nämlich am Victoria-See im heutigen Uganda. Der Sommerregen in Äthiopien lässt den Fluss anschwellen, bevor er sich seinen

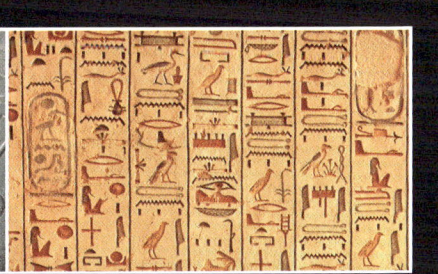

Weg durch den Sudan und Ägypten bis ans Mittelmeer bahnt. Immer wenn das Hochwasser das enge ägyptische Niltal erreichte, trat der Fluss über die Ufer.

Diese alljährliche Flut hatte beträchtliche Auswirkungen: Das Wasser machte das Land so fruchtbar, dass in Ägypten schon sehr früh eine blühende Zivilisation entstand.

◄ Der Nil bei Theben (dem heutigen Luxor)

LEBENSSPENDER

Ohne die fruchtbaren Nil-
ufer wäre in Ägypten nie
eine solch großartige Zivilisation entstanden. Bis zur
Einweihung des Assuan-
staudamms 1970 war die
Landwirtschaft völlig auf die
jährliche Flut angewiesen.

TIERE AM NIL

Im Nil wimmelte es nur so
vor Leben. Mit Netzen und
Angeln ging man auf Fischfang. Die Kinder warnte
man vor Krokodilen und
Nilpferden, die Papyrus-
boote zum Kentern
bringen
konnten.

Jedes Jahr hinterließ der Fluss eine dicke schwarze Schlammschicht auf den Feldern. Dieser nährstoffreiche Schlamm ließ Getreide wie Weizen und Gerste gut gedeihen. Wenn das Wasser im Oktober und November wieder zurückging, säten die Bauern ihr Korn in die feuchte Erde und konnten im darauf folgenden Frühjahr eine reiche Ernte einholen. Sobald das Nilwasser wieder stieg, begann das Ganze von vorn: Jedes Jahr bedeutete einen Neuanfang.

Die alten Ägypter nannten ihr Land *Kemet*, „Schwarzes Land", weil die Flut an beiden Ufern des Nils fruchtbare Streifen dunkler, nährstoffreicher Erde hinterließ. Schwarz galt in Ägypten als Glücksfarbe. Auf diesem Boden gediehen Granatäpfel, Wein, Zwiebeln und Feigen. Hier grasten Tiere wie Schafe und Schweine, Antilopen und Gazellen. Im Fluss selbst lebten Nilpferde und Krokodile und an seinen Ufern wucher-ten Papyruspflanzen.

Das Schwarze Land bildete einen starken Gegensatz zum „Roten Land" namens *Deschret*. Dieses Rote Land war eines der trockensten Gebiete der Erde. Während das Schwarze Land Leben bedeutete, stand das Rote Land für Trocken-heit, Hunger und Tod.

Der Nil spielte also eine große Rolle im Leben der Ägypter. Sogar ihr Kalen-der beruhte auf ihm. Der Hundsstern Sirius, in dem die Ägypter die Göttin Sopdet

erkannten, stieg jedes Jahr am 19. Juli (nach heutigem Kalender) am Horizont auf. Dieses Ereignis fiel ungefähr mit der alljährlichen Nilflut zusammen. Sopdets Erscheinen markierte den Beginn des ägyptischen Jahres, das aus 365 Tagen bestand. Es gab drei Jahreszeiten, die in jeweils vier Monate unterteilt waren, nämlich „Überschwemmung" (Sommer), „Aussaat" (Winter) und „Ernte" (Frühling).

Der Fluss schuf auch die Geografie des Landes. Auf seinem Weg von Süden nach Norden grub er sich das Niltal. Diese Gegend bezeichnet man als Oberägypten. Im Norden des Landes fächert sich der Fluss in zahlreiche Arme auf. Bevor er das Mittelmeer erreicht, bildet er ein 320 km breites Sumpf- und Marschland. Das ist das Nildelta bzw. Unterägypten. Eigentlich ist es merkwürdig, dass der Norden des Landes Unter- und der Süden Oberägypten genannt wird. Aber auch das zeigt nur, welch große Bedeutung der Nil für dieses Land hat: Oberägypten heißt so, weil es näher an der Quelle des Flusses liegt.

Sowohl Ober- als auch Unterägypten waren durch natürliche Grenzen gut geschützt. Im Westen war die Wüste, im Osten trennten sie Bergketten vom Roten Meer. Im Süden markierten mehrere Stromschnellen die Grenze zu Nubien. Dort hatte sich der Fluss durch Granitfelsen gegraben – eine Stelle, die man als Erster Katarakt bezeichnet.

FELDFRÜCHTE

Früchte wuchsen auf Ägyptens üppigen Feldern im Überfluss. Aus Trauben wurde Wein gekeltert; Datteln und Feigen aß man frisch oder süßte damit Gebäck. Der Granatapfel war eine beliebte Frucht, die aus dem Mittleren Osten stammte.

Die Grenze nach Norden bildete das Mittelmeer. Diese äußerst abgeschiedene Lage mag mit ein Grund dafür sein, warum die Ägypter ihr Land für den Mittelpunkt der Welt hielten.

Das Niltal wurde schon sehr früh besiedelt. Doch damals lernten die Menschen noch ein ganz anderes Klima kennen, weil die Wüste noch nicht bis nach Nordafrika vorgedrungen war. Wo heute nur Wüstensand zu sehen ist, gab es sogar Seen! Vor etwa 7000 bis 6000 Jahren erwärmte sich das Klima. Die Seen trockneten aus, und die Menschen siedelten sich an den Ufern des großen Flusses an. Sie betrieben Fischfang, gingen auf die Jagd, bauten Getreide an und errichteten Häuser aus Lehm und Stroh. Mit der Zeit zogen die Siedler weiter nach Norden und erreichten schließlich das Nildelta. Dort entstand die so genannte Negadekultur.

Die Menschen der Negadekultur bestatteten ihre Toten mit zahlreichen Grabbeigaben. Das konnte Schmuck sein, Löffel, Töpfe, Feuersteinmesser, Ebenholzkämme oder Kupferperlen. Vor etwa 5000 Jahren wurden die Nachfahren dieser Negadekultur von Königen regiert, die man auf Felsbildern mit einem dreieckigen Bart darstellte. Statuen späterer ägyptischer Pharaonen haben einen ganz ähnlichen Bart. Daher vermutet man, dass die ägyptische Hochkultur aus diesen ersten Siedlern hervorgegangen ist.

VERLORENES PARADIES

In den einst fruchtbaren Ebenen der Sahara lebten Stämme von Jägern und Sammlern. Als die Sahara zur Wüste wurde, zogen die Menschen ins Niltal.

WÜSTE SINAI

NIL-
DELTA

UNTER-
ÄGYPTEN

ROTES MEER

WESTLICHE
WÜSTE

NIL

ÖSTLICHE
WÜSTE

OBER-
ÄGYPTEN

Um 3400 v. Chr. kam es zu einigen grund-
legenden Veränderungen. Innerhalb kürzes-
ter Zeit taten sich die zahlreichen Stammes-
kulturen des Landes unter zwei verschiedenen
Monarchien zusammen. Der König Oberägyptens (Niltal) trug die Weiße Krone, der König
Unterägyptens (Nildelta) dagegen die Rote
Krone. Als Symbole Oberägyptens galten die
Lotosblume und der Geier, während die Papyrus-
pflanze und die Kobra für Unterägypten standen.
Geier- und Kobragöttin waren Feindinnen, bis sie
schließlich unter den Pharaonen vereint wurden.

Diese geheimnisvollen frühen Könige tauchen zum ersten
Mal auf so genannten Keulenköpfen auf. Das waren wichtige
Kultobjekte, die die Macht des Königs symbolisierten. Ein solcher Keulenkopf zeigt eine Figur mit der Weißen Krone Oberägyptens. Weil sie einen Skorpion vor dem Gesicht hat, nennen
sie die Geschichtsforscher König Skorpion. Sie glauben, dass er
einer der Könige war, die immer weiter in den Norden des

GOTT DES LEBENS
Der falkenköpfige Horus
war eine der wichtigsten
ägyptischen Gottheiten.
Sonne und Mond waren
seine Augen.

Landes vordrangen, bis Ober- und Unterägypten unter einem Herrscher vereint waren. Archäologen fanden den Skorpion-Keulenkopf
in den Ruinen des Horus-Tempels in Hierakonpolis, eine der ältesten
Grabstätten Ägyptens. Horus war der falkenköpfige Gott des Lichts
und des Lebens. Er herrschte über den Himmel und galt als Beschüt-
zer Ägyptens. Die Pharaonen wurden als lebende Verkörperung

HORUS-TEMPEL
So könnte der Horus-
Tempel in Hierakonpolis
ausgesehen haben. Er
bestand wahrscheinlich
aus Holz, Schilfmatten
und Tierhäuten. Der
König saß unter einem
Baldachin, begutachtete
die Opfergaben oder sah
Prozessionen zu.

dieses Gottes auf Erden betrachtet. Viele
ägyptische Götter tauchten also schon zu
einem sehr frühen Zeitpunkt auf.

KEULENSCHLAG
Der Sieg Oberägyp-
tens über das Nildelta wird auf
der Narmer-Palette dargestellt.
König Narmer hebt den Arm zum
Schlag. Diese Haltung galt im
alten Ägypten als Symbol
königlicher Macht.

Der berühmteste dieser frühen Könige ist
Narmer, der sich um 3100 v. Chr. zum
Herrscher über ganz Ägypten aufschwang. Die so genannte
Narmer-Palette, eine mit prächtigen Gravuren verzierte kleine
Schminkpalette aus Stein, zeigt ihn auf der einen Seite mit der
Roten Krone Unter- und auf der anderen mit der
Weißen Krone Oberägyptens. Zwei Hieroglyphen
(Bildzeichen) stehen für seinen Namen, der sich aus dem
Zeichen *nar* für „Wels" (ein Fisch) und *mer* für „Meißel"
zusammensetzt. Eine andere Szene der Palette zeigt
Narmer als Stier, der eine Stadtmauer zerstört.
Damit könnte Narmers Unterwerfung der nörd-
lichen Völker des Nildeltas gemeint sein.

ROTER KÖNIG
Auf der Rückseite der
Palette trägt Narmer
die Rote Krone und
begutachtet die ent-
haupteten Körper
seiner Feinde.

Nach der Einigung des Landes durch die frühen
Könige gab es den Pharao der so genannten
I. Dynastie oder Herrscherfamilie. Dieser Pharao
hieß Menes. Heute glauben viele Geschichtsforscher, dass Narmer
und Menes ein und dieselbe Person waren. Das Wort „Pharao"
geht auf das altägyptische *per'aa* zurück, was „großes Haus"
bedeutet. Mit der Zeit hieß nicht nur die Wohnstätte des Pharaos
so, sondern auch er selbst.

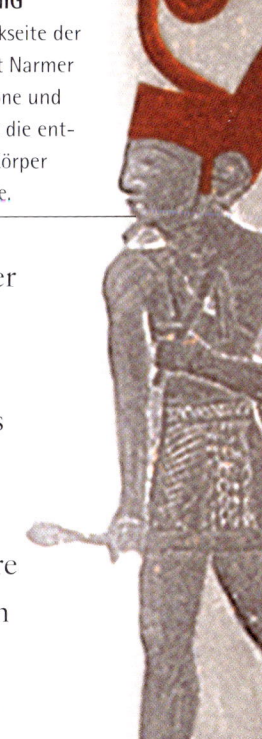

Menes war nur der erste von vielen Pharaonen, die fast 3000 Jahre
lang über Ägypten herrschten. Die Anfänge der I. Dynastie liegen
um 3100 v. Chr. Die letzte, die XXX. Dynastie, endete 343 v. Chr.
Insgesamt wurde Ägypten von etwa 170 Pharaonen regiert. Viele
davon waren mächtige Herrscher.

Nach der Reichseinigung gründete Menes eine neue Hauptstadt, die nach den hellen Mauern um den Königspalast „Weiße Mauern" hieß. Sie wurde auch als „Waage der beiden Länder" (Ober- und Unterägypten) bezeichnet. Wir kennen sie unter dem griechischen Namen Memphis. 3000 Jahre lang blieb sie eine der wichtigsten Städte Ägyptens.

Menes regierte 62 Jahre lang und soll angeblich bei der Jagd von einem Nilpferd getötet worden sein. Doch bei Ereignissen, die so weit zurück liegen, fällt es schwer, zwischen Dichtung und Wahrheit zu unterscheiden. Fest steht, dass Menes in Abydos auf einem riesigen königlichen Friedhof begraben wurde. Mehrere Mitglieder seines Haushalts sollen getötet und mit ihm begraben worden sein, vielleicht um ihm im Jenseits zu dienen. Als man Anfang des 20. Jahr-

Kunst in Stein und Gold

Seit der Frühzeit verarbeiteten die Ägypter mehr als 40 Arten Stein wie Quarzit, Sandstein, Kalkstein, Diorit, aber auch roten und schwarzen Granit aus Steinbrüchen in der Wüste. Gold war ebenfalls sehr beliebt. In der östlichen Wüste zwischen Nil und Rotem Meer lagen zahlreiche Goldvorkommen, die zu allen Zeiten abgebaut wurden.

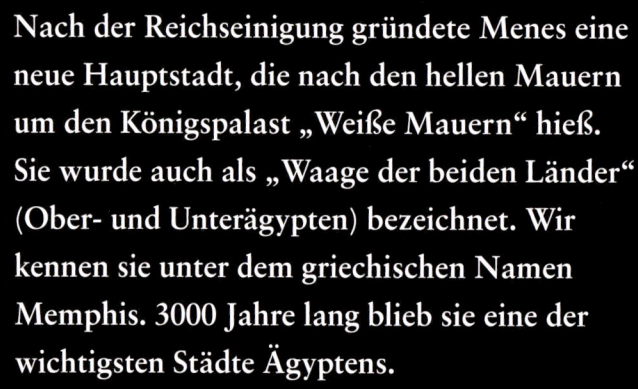

Kanopenkrug aus Kalkstein

Büste des Pharaos Djedefre aus rotem Quarzit   Schreiber aus schwarzem Granit   Goldener Schakal

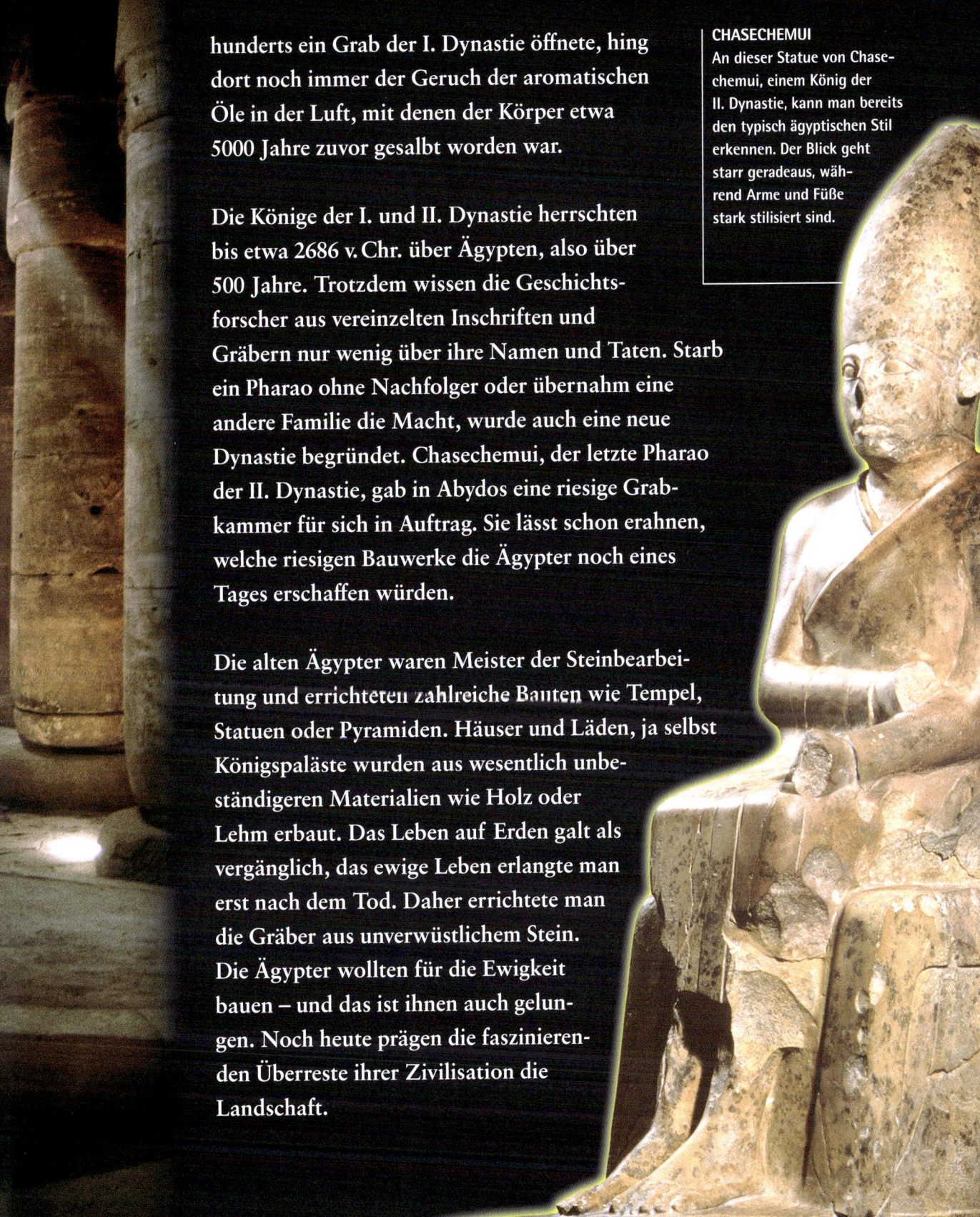

hunderts ein Grab der I. Dynastie öffnete, hing dort noch immer der Geruch der aromatischen Öle in der Luft, mit denen der Körper etwa 5000 Jahre zuvor gesalbt worden war.

Die Könige der I. und II. Dynastie herrschten bis etwa 2686 v. Chr. über Ägypten, also über 500 Jahre. Trotzdem wissen die Geschichtsforscher aus vereinzelten Inschriften und Gräbern nur wenig über ihre Namen und Taten. Starb ein Pharao ohne Nachfolger oder übernahm eine andere Familie die Macht, wurde auch eine neue Dynastie begründet. Chasechemui, der letzte Pharao der II. Dynastie, gab in Abydos eine riesige Grabkammer für sich in Auftrag. Sie lässt schon erahnen, welche riesigen Bauwerke die Ägypter noch eines Tages erschaffen würden.

Die alten Ägypter waren Meister der Steinbearbeitung und errichteten zahlreiche Bauten wie Tempel, Statuen oder Pyramiden. Häuser und Läden, ja selbst Königspaläste wurden aus wesentlich unbeständigeren Materialien wie Holz oder Lehm erbaut. Das Leben auf Erden galt als vergänglich, das ewige Leben erlangte man erst nach dem Tod. Daher errichtete man die Gräber aus unverwüstlichem Stein. Die Ägypter wollten für die Ewigkeit bauen – und das ist ihnen auch gelungen. Noch heute prägen die faszinierenden Überreste ihrer Zivilisation die Landschaft.

CHASECHEMUI
An dieser Statue von Chasechemui, einem König der II. Dynastie, kann man bereits den typisch ägyptischen Stil erkennen. Der Blick geht starr geradeaus, während Arme und Füße stark stilisiert sind.

Der Code wird geknackt

Der französische Sprachwissenschaftler Jean-François Champollion (1790-1832) verbrachte den größten Teil seines Lebens damit, die Hieroglyphen zu entziffern. Die entscheidende Entdeckung gelang ihm dann beim Studium des Steins von Rosette. Seine Inschrift wurde in drei verschiedenen Schriften wiederholt: In Hieroglyphisch, Demotisch (einer Hieroglyphen-Kurzschrift) und auf Griechisch. Der Engländer Thomas Young hatte bereits den Namen des Pharaos Ptolemaios entschlüsselt, der im griechischen Text erwähnt wird. Davon ausgehend gelang es Champollion auch den anderen griechischen Wörtern die richtigen Hieroglyphen zuzuordnen. Er fand heraus, dass einige Zeichen für ganze Wörter, andere nur für einzelne Laute stehen.

P T O L M Y S

„Ptolemaios" auf Hieroglyphisch
Young erriet, dass das Oval (die so genannte Kartusche) die Zeichen für den Namen einer berühmten Persönlichkeit, nämlich Ptolemaios, enthielt.

„Ptolemaios" auf Demotisch
Die Zuordnung des Namens Ptolemaios zu den Hieroglyphen lieferte Champollion den Code, mit dem er alle anderen Zeichen entzifferte.

ΠΤΟΛΕΜΑΙΟΣ

„Ptolemaios" auf Griechisch
Der griechische Name des Königs lautet Ptolemaios. Der Stein ist ein Dankesbrief der Priester an den Pharao Ptolemaios V.

Eine weitere große Errungenschaft der Ägypter fällt ebenfalls in diese noch wenig erforschte Frühzeit: die Erfindung der Schrift. Die ägyptischen Schriftzeichen heißen Hieroglyphen. Das ist Griechisch und bedeutet „heilige Zeichen". Schreiben war damals eine heilige Handlung und der Schutzpatron der Schrift war Thot, der Gott der Weisheit. Der Ibis und der Pavian waren die dem Thot geweihten Tiere, deshalb wurde er oft in ihrer Gestalt dargestellt. Er galt außerdem als Mondgott und war somit für die Zeit und das Zählen verantwortlich. Thot hatte zahlreiche Aufgaben und blieb Jahrhunderte lang einer der wichtigsten Götter Ägyptens.

Vermutlich wurde die Schrift bereits vor der Einigung Ägyptens unter den Königen der Frühzeit erfunden. Sie diente

LEBENSLAUF
Thot, der ibisköpfige Gott der Weisheit und der Schrift, wird manchmal dargestellt, wie er über das Leben eines Menschen Buch führt, um es nach dessen Tod den Göttern zu zeigen.

MAGISCHE ZEICHEN
Nur wenige Ägypter konnten die Inschriften auf den Tempeln lesen. Doch schon das Eingravieren selbst beschwor einen Zauber herauf, der die Worte Wahrheit werden ließ.

dazu, Listen mit Waren oder Namen von Beamten anzulegen. Mit der Zeit entwickelte sich die Kunst des Schreibens für die Herrscher immer mehr zu einem unverzichtbaren Machtinstrument. Die Narmer-Palette beweist, dass sich die Könige schon sehr früh mit Hieroglyphen auf Kunstwerken und Gräbern verewigen ließen. Damit unterstrichen sie ihre Macht und Heiligkeit. Die Schrift diente auch dem Aufbau einer Staatsreligion und übte Macht über Leben und Tod aus. Auch die so genannten Pyramidentexte, magische Inschriften an Grabwänden, die den Verstorbenen auf ihrer Reise durch die Unterwelt begleiten sollten, bestanden aus Hieroglyphen.

Die Ägypter hinterließen einen reichen Schatz an Schriftstücken. Das waren religiöse, aber auch geschichtliche Texte, Geschäftsbriefe und Erzählungen. Doch als die Zeit der Pharaonen vor etwa 2000 Jahren zuende ging, gab es niemanden mehr, der die Hieroglyphen entziffern konnte. Reisende bestaunten die Überreste einer versunkenen Zivilisation, ohne sie auch nur im Entferntesten zu begreifen. Erst 1822 konnte der französische Sprachforscher Jean-François Champollion das Geheimnis der Hieroglyphen lüften. Ihm ist es zu verdanken, dass Wissenschaftler heute in die Welt des alten Ägypten eintauchen und die jahrtausendealte Vergangenheit entschlüsseln können.

SCHREIBKUNST
Hieroglyphen konnten von links nach rechts, von rechts nach links, oder von oben nach unten geschrieben werden. Für alltägliche Notizen benutzten die Schreiber eine Kurzschrift.

KAPITEL ZWEI

Das *Pyramiden-* Zeitalter

Vor etwa 4500 Jahren kamen die Könige der III. Dynastie an die Macht. Damit begann in Ägypten das Alte Reich, ein 500 Jahre währendes Goldenes Zeitalter, das von Wohlstand und politischer Stabilität geprägt war. Damals entstanden die ersten Pyramiden.

DJOSER, DER ZWEITE KÖNIG DIESER DYNASTIE, sollte Ägypten für immer verändern. Obwohl er nur 19 Jahre regierte, erinnert man sich noch über 2500 Jahre später an ihn. Aber warum ist er so berühmt? Djoser ließ die erste Pyramide errichten. Sie ist das erste monumentale Steingebäude der Welt und steht mitten in der Wüste bei Sakkara, in der Nähe von Memphis. Ihre Außenwände sind nicht glatt, sondern bestehen aus sechs riesigen Steinstufen, die sich bis zu einer Höhe von über 60 Metern auftürmen. Diese Stufen

waren einst mit weißem Kalkstein verkleidet, der in der heißen Wüstensonne geleuchtet und geschimmert haben muss. Die unterste Stufe maß 106 x 122 Meter. Dahinter befand sich ein Labyrinth aus Schächten und Gängen, das heilige Inschriften, kostbare Grabbeigaben und königliche Machtsymbole enthielt. Dazu gehörte auch die Grabkammer des

◀ Sonnenuntergang hinter der Cheopspyramide in Giseh

Königs aus Rosengranit. Sie war mit einem über zwei Tonnen schweren Granitstein versiegelt. Die Pyramide war von Djosers Erstem Minister (Wesir) entworfen worden. Er hieß Imhotep und war ein genialer Baumeister. Zu seinen Lebzeiten war Imhotep außerdem noch Hohepriester von Heliopolis, der Sonnenstadt. Im alten Ägypten war die Religion ein wichtiger Grundpfeiler des Staates. Ein Mann wie Imhotep konnte sowohl Priester als auch Regierungsbeamter sein.

BLICK AUS DEM GRAB
Djosers Statue schaut durch zwei Löcher in der Tempelwand. 4700 Jahre sind nicht spurlos an ihr vorüber gegangen. Doch noch heute lassen ihre stolzen Gesichtszüge auf die starke Persönlichkeit des Pharaos schließen.

Die Stufenpyramide lag auf einem riesigen Gelände, das von weißen Mauern umgebenen war. Darauf befanden sich auch zahlreiche Höfe, Tempel, Hallen, Schreine und Gebäude. Hier stand auch der Serdab, ein kleiner Tempel, der eine sitzende Kalksteinstatue des Pharaos beherbergte. Sie diente als göttlicher und majestätischer Wächter und ist die früheste lebensgroße Statue eines

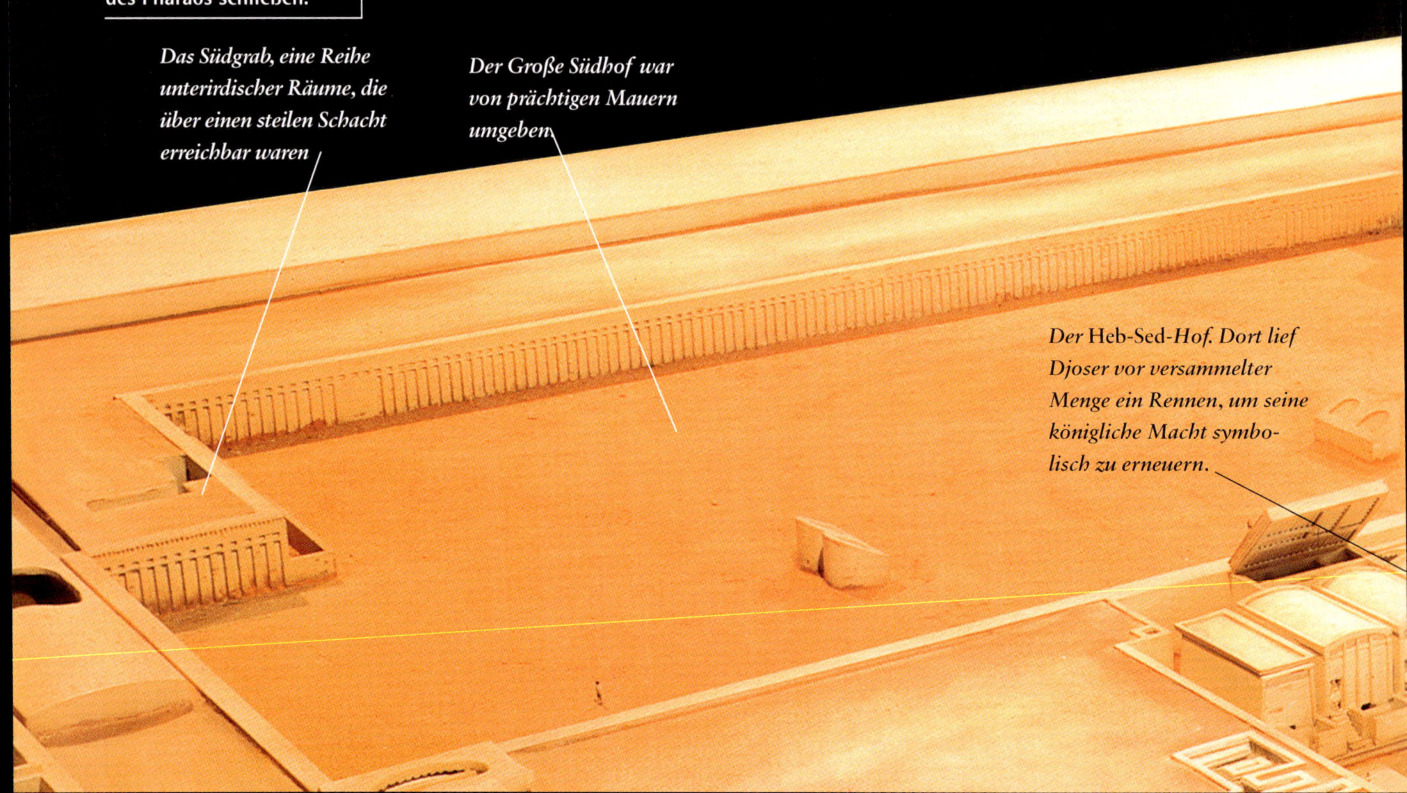

Das Südgrab, eine Reihe unterirdischer Räume, die über einen steilen Schacht erreichbar waren

Der Große Südhof war von prächtigen Mauern umgeben

Der Heb-Sed-Hof. Dort lief Djoser vor versammelter Menge ein Rennen, um seine königliche Macht symbolisch zu erneuern.

Pharaos, die je in Ägypten gefunden wurde. Durch zwei kleine in die Wand des Serdab gebohrte Löcher konnte Djosers Statue in die Welt hinaus „sehen" und beobachten, wie ihm die Priester regelmäßig Opfergaben darbrachten. Sie sollten ihn im Jenseits ernährten. Der gesamte Gebäudekomplex war wie ein Palast angelegt. Hier sollte der König nach seinem Tod weiterregieren und alle Rituale vollziehen, die die Welt zusammenhalten. Die Stufenpyramide und die dazugehörigen Gebäude waren ein Symbol für die ewige, weit über seinen Tod hinausreichende Macht des Pharaos.

Für die Ägypter war der Pharao ein Gott. Djosers erstaunliche Gebäudekonstruktion muss ihre Ehrfurcht noch verstärkt haben. Sie glaubten, der Pharao verfüge über die übernatürlichen Kräfte

KÖNIGSLAUF
Dieses Relief in einer Kammer unter dem Südgrab zeigt Djoser beim *Sed*-Fest. Dabei musste der König mit einem Lauf beweisen, dass er noch gesund genug war, um weiterzuregieren.

GEBÄUDEKOMPLEX
Die Stufenpyramide ist Teil einer riesigen Anlage mit weiteren heiligen Gebäuden. Viele Wände und Türen sind nur Attrappen. Man nimmt an, dass sie eine magische Bedeutung besaßen.

Im Innern der Pyramide befinden sich die königliche Grabkammer und ein weitläufiges Gangsystem.

Steinblöcke wurden wie Ziegel aufeinander geschichtet.

Scheintempel

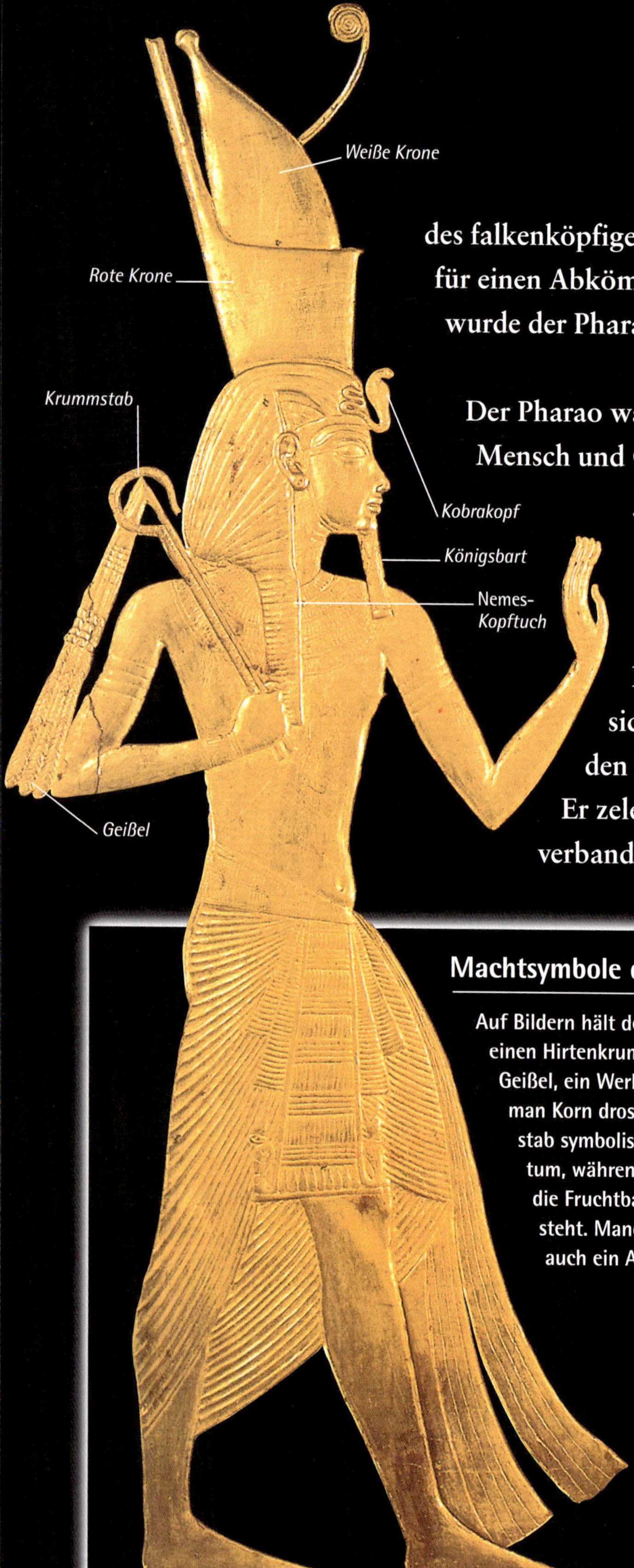

Weiße Krone

Rote Krone

Krummstab

Kobrakopf

Königsbart

Nemes-Kopftuch

Geißel

des falkenköpfigen Gottes Horus. Später hielten sie ihn sogar für einen Abkömmling des Sonnengotts Re. Nach seinem Tod wurde der Pharao eins mit Osiris, dem Totengott.

Der Pharao war in jeder Hinsicht König der Welt und war Mensch und Gott zugleich. Er sorgte für den Wechsel der Jahreszeiten und den harmonischen Lauf der Sterne. Er war für die alljährliche Nilflut ver- antwortlich und schützte sein Land vor dem Chaos. Er verteidigte Ägypten gegen Armut, Hunger und feindliche Armeen. Er stellte sicher, dass die Sonne aufging und bestimmte den Kreislauf von Leben, Tod und Wiedergeburt. Er zelebrierte die überlebenswichtigen Rituale und verband die Welt der Menschen mit der der Götter.

Machtsymbole des Pharaos

Auf Bildern hält der Pharao oft einen Hirtenkrummstab und eine Geißel, ein Werkzeug mit dem man Korn drosch. Der Krumm- stab symbolisiert das König- tum, während die Geißel für die Fruchtbarkeit des Landes steht. Manchmal hält er auch ein Ankh, ein kleines Kreuz mit einer Schleife. *Ankh* war die Hieroglyphe für „Leben" und galt als Glücksbringer. Der Pharao trug häufig einen Kopfschmuck mit einer goldenen Kobra sowie den künstlichen Königs- bart. Zu offiziellen Anlässen zeigte er sich mit der Doppelkrone Ägyptens, die die Weiße und Rote Krone miteinander verband.

Die Namen des Pharaos

Der Pharao hatte bis zu fünf verschie- dene Namen. Der „Horus-Name" wurde ihm bei der Krönung verliehen, z. B. „Einiger der Beiden Länder". Der letzte war der Geburtsname. Er wurde in einem Oval (Kartusche) dargestellt. Diesen Namen kennen wir heute noch. Die Namen sehr früher Pharaonen wurden in einen Kasten namens *Serekh* geschrieben.

Serekh

Kartusche

FORTSCHRITT
Unter der IV. Dynastie entstanden neue Bautechniken. Snofrus Knick-Pyramide wurde bereits aus gigantischen Steinblöcken errichtet.

Laut einem altägyptischen Text verkörpert der Pharao „das, was in den Herzen lebt. Seine Augen schauen durch jeden Körper hindurch. Er ist der Sonnengott, unter dessen weiser Führung die Menschen leben ... Er ist der Sonnengott, mithilfe dessen Strahlen der Mensch sieht." Der Pharao repräsentierte also die höchste Macht. Er war einfach perfekt und irrte sich niemals. Abbildungen zeigen ihn als ruhigen, selbstbewussten Herrscher, dessen Blick bis in die Ewigkeit reicht.

Djosers Pyramide war nur die erste von vielen weiteren Pyramiden, die Ägyptens Herrscher in mehr als 800 Jahren erbauen ließen. Die nächsten waren ebenfalls Stufenpyramiden, danach entwickelte Snofru, der Begründer der IV. Dynastie (2613–2498 v. Chr.), eine neue Form. Er begann mit einer Stufenpyramide, die vielleicht noch von einem früheren König stammte, und füllte ihre Stufen mit Steinen. Dann verkleidete er die gesamte Konstruktion mit Kalksteinblöcken. Damit hatte Snofru die erste Pyramide mit glatten Seitenwänden errichtet, die heute Medum-Pyramide heißt. Eine weitere von Snofrus Pyramiden wird Knick-Pyramide genannt. Ihre Erbauer hatten die Seiten zunächst sehr steil in die Höhe gezogen, um dann auf halber Strecke den Neigungswinkel zu verändern – wahrscheinlich weil Risse auftraten. In der Roten Pyramide dagegen, benannt nach der Farbe der Steine im Abendlicht, wurde Snofru vermutlich begraben.

MÄCHTIGER SNOFRU
Snofru hält den absoluten Rekord im Pyramidenbauen: In den 24 Jahren seiner Herrschaft errichtete er nicht weniger als drei Pyramiden. Snofru war ein ehrgeiziger Pharao, der Kriege in Libyen führte und viele neue Tempel, Festungen und Paläste erbauen ließ.

Anscheinend wollte Snofrus Sohn und Nachfolger Cheops den Vater noch übertreffen, denn er baute die größte Pyramide der Welt. Die Cheopspyramide oder Große Pyramide wurde auf dem Felsplateau von Giseh errichtet und erreichte eine Höhe von stolzen 146 Metern. Bis ins 19. Jahrhundert hinein, also 4000 Jahre nach ihrer Erbauung, war sie das höchste Bauwerk der Welt. Noch heute ist sie eines der höchsten Steingebäude.

Die alten Griechen und Römer zählten die Cheopspyramide zu den sieben Weltwundern der Antike. Sie ist das einzige, das heute noch existiert. Ihr „Herzstück" ist allerdings verschwunden, denn Cheops, der im Innern der Pyramide begraben wurde, befindet sich nicht mehr dort. Sein Sarkophag, der aus einem riesigen Granitblock gehauen wurde, ist noch vorhanden, aber sein Inhalt wurde vor langer Zeit geraubt.

Vielleicht hat der König einst die große Barke benutzt, die Archäologen in einer Sandgrube bei der Pyramide fanden. Sie ist über 40 Meter lang und besteht aus Zedernholz. Man nimmt

GESTRENGER CHEOPS
Diese winzige Skulptur ist eines von zwei Abbildern des Cheops, die je gefunden wurden. Griechische Historiker beschrieben ihn später als grausamen König, der das ganze Land zwang, an seiner Grabpyramide zu bauen.

DIE GROSSE PYRAMIDE
Bis zur Einweihung des Eiffelturms in Paris 1887 war die Cheopspyramide das höchste Bauwerk der Welt. Dieser 4500 Jahre alte Steinberg besteht aus fast 2,3 Millionen Blöcken. Aus ihrer Kalksteinverkleidung erbaute man im Mittelalter die Stadt Kairo.

an, dass der Leichnam des Königs darin zu seiner Grabstätte gebracht wurde. Anschließend zerlegten Arbeiter das Boot in über 650 Einzelteile und vergruben es in der Nähe. Man vermutet, dass der König damit im Jenseits über den Himmel segeln sollte.

In Ägypten gibt es noch Überreste von etwa 90 Pyramiden. Ihre besondere Form spielte für die Ägypter eine große Rolle. Das ägyptische Wort für „Pyramide" lautet *mr*, was in etwa „Ort der Auferstehung" bedeutet. Die Pyramidenform sollte dem Pharao als Rampe dienen, über die er in den Himmel aufsteigen konnte. Der heutige Name kommt vom griechischen *pyramis*, einem dreieckigen Getreidefladen.

Doch warum wurden die Pyramiden überhaupt gebaut? Zunächst

Im Innern der Cheopspyramide

Die Große Pyramide ist von Schächten, Tunneln und Kammern durchsetzt. Die Grabkammer des Cheops erreicht man über die so genannte Große Galerie. Darin wurden vermutlich die gigantischen Steinblöcke gelagert, mit denen die Pyramide einst versiegelt war. Die Schächte, die aus den Kammern herausführen, sollten Cheops' Seele die Reise zu den Sternen ermöglichen. Im Jahr 1993 fand ein Roboter in einem der Schächte eine versiegelte Tür. Vielleicht gibt es noch mehr Kammern zu entdecken.

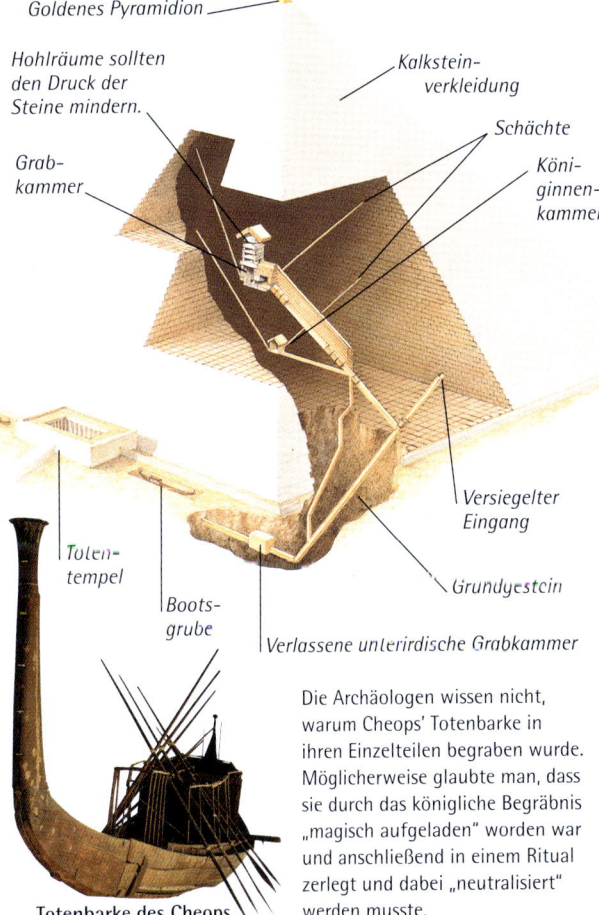

Goldenes Pyramidion

Hohlräume sollten den Druck der Steine mindern.

Kalksteinverkleidung

Grabkammer

Schächte

Königinnenkammer

Totentempel

Bootsgrube

Versiegelter Eingang

Grundgestein

Verlassene unterirdische Grabkammer

Totenbarke des Cheops

Die Archäologen wissen nicht, warum Cheops' Totenbarke in ihren Einzelteilen begraben wurde. Möglicherweise glaubte man, dass sie durch das königliche Begräbnis „magisch aufgeladen" worden war und anschließend in einem Ritual zerlegt und dabei „neutralisiert" werden musste.

DER WEG ZU DEN STERNEN
Von der königlichen Grab-
kammer, tief im Innern der
Großen Pyramide, führen
schmale Schächte bis an die
Oberfläche. Sie zeigen in
Richtung des Polarsterns und
auf das Sternbild Orion
(*rechts*). Die Ägyptologen
streiten noch darüber, ob die
Pyramiden als Tor zum Sonnengott Re oder zum Sternbild Orion gedacht waren.
Die rätselhaften Pyramidentexte erwähnen beides.

einmal sollten sie den Leichnam des Pharaos aufnehmen und schützen. Sie waren seine letzte Ruhestätte, aber auch der Ort seiner Wiedergeburt. Doch die Pyramiden waren nicht nur gewaltige Grabstätten: Wie eine Art Leuchtturm, der mitten in der Wüste steht, beherrschen sie die umliegende Landschaft. Auf diese Weise symbolisieren sie auch die Macht und Größe des Pharaos.

Die Pharaonen ließen alle ihre Pyramiden im Westen des Niltals erbauen, wo man den Eingang zur Unterwelt vermutete. Die Pyramiden waren entsprechend dem Lauf der Sonne von Osten nach Westen ausgerichtet. Damit waren sie Teil des Sonnenkults, der damals in Ägypten herrschte. Auch die Form der Pyramiden spiegelt diese Verehrung der Sonne wider: Ihre vier Wände gehen wie Sonnenstrahlen von einem zentralen Punkt aus.
Die Spitze, das Pyramidion, war möglicherweise sogar vergoldet. Wenn dann die ersten Sonnenstrahlen die Spitzen zum Leuchten brachten, muss das ein äußerst beeindruckender Anblick gewesen sein!

DIE PYRAMIDEN VON GISEH
Die Pyramiden von Giseh wurden erstaunlich
genau konstruiert. Die vier Seiten jeder Pyramide weisen genau nach Norden, Süden, Osten
und Westen. Was das für eine besondere
Bedeutung für ihre Erbauer gehabt haben
mag, wissen wir nicht. Diese Abbildung zeigt,
wie die Pyramiden am Ende der IV. Dynastie
um 2500 v. Chr. ausgesehen haben könnten.

Aber auch in anderer Hinsicht sind die Pyramiden ein Beweis für die ungeheure Macht der Pharaonen. Sie müssen ein riesiges Wirtschaftsimperium kontrolliert haben, denn sonst hätten sie ein solches Bauvorhaben nie in die Tat umsetzen können. Sämtliche Rohstoffe und Arbeitskräfte im Land wurden dafür herangezogen. So gesehen sind die Pyramiden auch ein Symbol für den damaligen Wohlstand Ägyptens, der es möglich machte, alle seine Einwohner zu ernähren und so herrliche Baudenkmäler zu errichten.

Heute erscheint es uns fast unvorstellbar, dass die Pyramiden mit ganz einfachen Werkzeugen aus Kupfer und Holz gebaut wurden. Mehrere Gruppen schwitzender und schreiender Arbeiter müssen die großen Gesteinsblöcke auf Holzschlitten von den Steinbrüchen in der Wüste zur Baustelle gezogen haben. Man nimmt an, dass sie Milch oder Nilschlamm benutzten, um die Kufen gleitfähiger zu machen.

GÖTTLICHER CHEPHREN
Diese lebensgroße Statue Chephrens, des Erbauers der zweiten Pyramide, zeigt ihn mit schützenden Horusschwingen. Das künstlerische Meisterwerk des Alten Reiches ist aus Diorit, einem sehr harten Gestein, gefertigt. Der Bildhauer hat die würdevolle Erscheinung des Pharaos ausgezeichnet wiedergegeben.

SCHWERE LAST

Die schnellste Art, schwere Steinblöcke zu bewegen, bestand darin, sie auf Schlitten zu transportieren. Geht man davon aus, dass die Große Pyramide in 20 Jahren erbaut wurde, mussten jeden Tag 340 Blöcke aufeinander geschichtet werden. Ein Experiment aus den 1990er-Jahren hat gezeigt, dass dies durchaus möglich war.

An der Pyramide wuchteten die Männer jeden Stein auf seinen Platz. Wie das geschah, gehört zu den großen Rätseln des alten Ägypten. Wahrscheinlich wurde zu diesem Zweck eine große Rampe aus Sand und Kies errichtet, aber mit Sicherheit wissen wir das nicht. Auf jeden Fall müssen die Bauarbeiten eine elende Schinderei gewesen sein, denn jeder Steinblock wog mehr als 40 Erwachsene.

Die Bauzeit jeder Pyramide betrug um die 20 Jahre. Ständig auf der Baustelle beschäftigt waren wahrscheinlich nur etwa 4000 Handwerker. Aber zur Zeit der alljährlichen Nilflut, wenn die Bauern sowieso

DIE PYRAMIDE WÄCHST

Niemand weiß, wie die Steinblöcke an die Spitze der Pyramide transportiert wurden. Wahrscheinlich hat man eine Rampe, wie die auf der Abbildung, errichtet und anschließend wieder abgebaut.

nicht auf ihren Feldern arbeiten konnten, kamen noch tausende von Arbeitern hinzu. Wir wissen, dass sie in Brigaden eingeteilt waren, denn auf den Steinen hat man Graffiti gefunden, auf denen von der „Grünen" oder der „Westlichen Kolonne" die Rede ist. Vielleicht begriffen sie sich als Konkurrenten, vielleicht schlossen sie auch Freundschaften untereinander. Alle diese Menschen lebten in Arbeiterstädten in der Nähe der Pyramide, wo sie mit Fleisch, Brot und Fisch gut verpflegt wurden. Neben einer der Pyramiden fand man die Überreste einer Bäckerei. In diesen Siedlungen wohnten also nicht nur die Arbeiter, sondern auch Töpfer, Maurer und Steinmetze. Durch den Bau der

Pyramiden wurden außerdem Arbeitsplätze für Schreiber und Maler geschaffen. Händler versorgten sie mit Lebensmitteln.

Neben den Pyramiden standen noch weitere Bauwerke. Cheops' Sohn Chephren baute die Zweite Pyramide in Giseh, gleich neben der Großen Pyramide seines Vaters. Berühmt ist er allerdings vor allem für die Errichtung der Sphinx. Die größte, je von einer antiken Kultur geschaffene Skulptur ist fast 60 Meter lang und mehr als 20 Meter hoch. Ein Löwenkörper trägt den Kopf eines Pharaos mit dem Königskopftuch. Viele Geschichtsforscher glauben, dass Chephren selbst dargestellt wird. Andere halten das Wesen, das halb Tier, halb Mensch ist, für den Sonnengott Re. Die Sphinx diente als Wächter für die Pyramiden.

DIE VERKLEIDUNG
Am Schluss verkleideten Maurer die Pyramide mit glatten Kalksteinblöcken. Dabei arbeiteten sie sich von oben nach unten vor. Um den richtigen Neigungswinkel zu bestimmen, benutzten sie Senkblei oder ein Winkelmaß.

Ihre Augen stehen weit offen und scheinen noch heute zu sehen, was um sie herum vorgeht.

Jahrhundertelang war die Sphinx vom Wüstensand bedeckt, doch dann tauchte sie wie durch ein Wunder wieder auf. Obwohl Bart und Nase inzwischen fehlen und sie bis heute unter

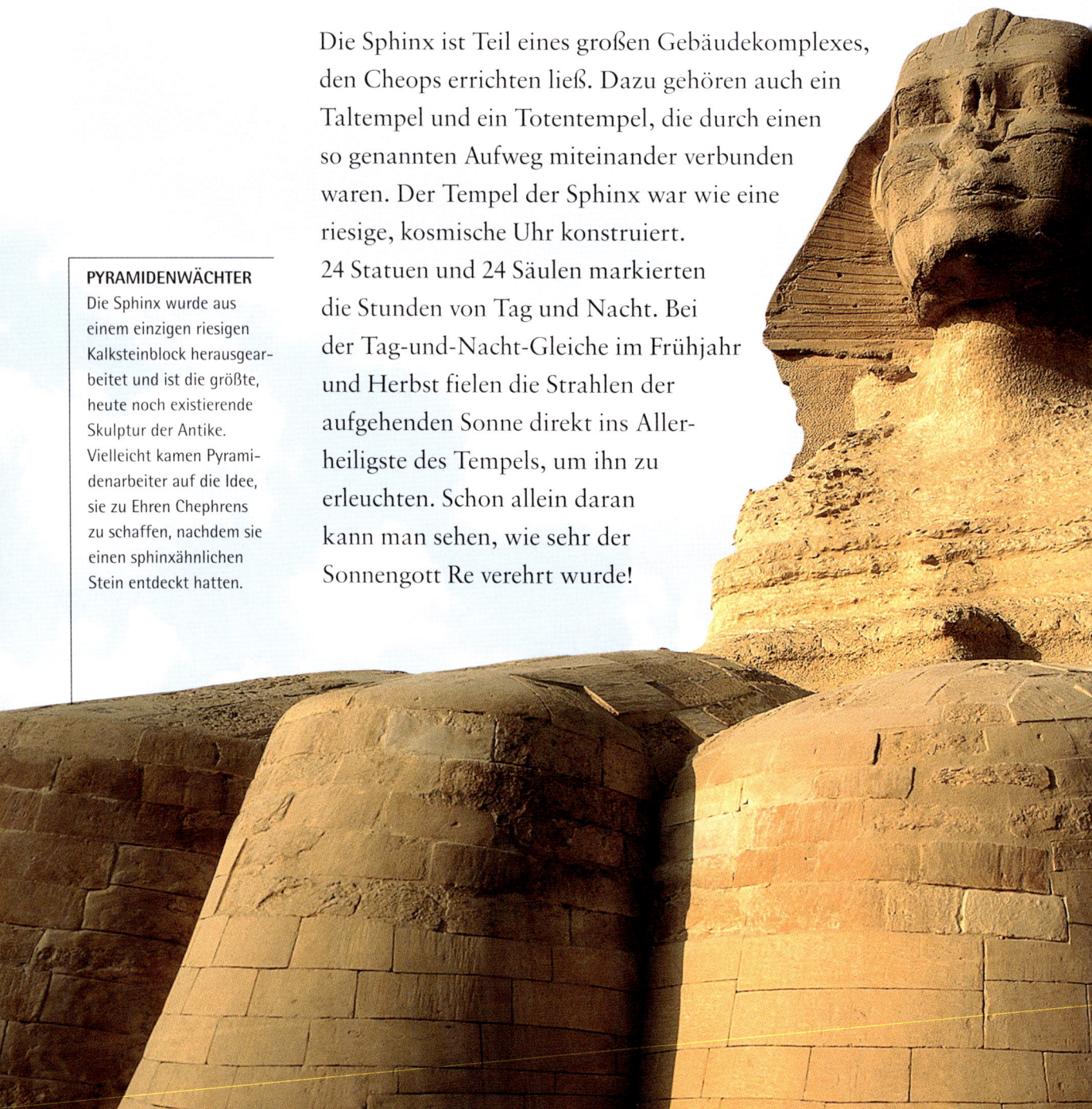

den Sandstürmen zu leiden hat, ist sie eines der eindrucksvollsten Baudenkmäler der Welt – und das nach über 4500 Jahren!

Die Sphinx ist Teil eines großen Gebäudekomplexes, den Cheops errichten ließ. Dazu gehören auch ein Taltempel und ein Totentempel, die durch einen so genannten Aufweg miteinander verbunden waren. Der Tempel der Sphinx war wie eine riesige, kosmische Uhr konstruiert. 24 Statuen und 24 Säulen markierten die Stunden von Tag und Nacht. Bei der Tag-und-Nacht-Gleiche im Frühjahr und Herbst fielen die Strahlen der aufgehenden Sonne direkt ins Allerheiligste des Tempels, um ihn zu erleuchten. Schon allein daran kann man sehen, wie sehr der Sonnengott Re verehrt wurde!

PYRAMIDENWÄCHTER

Die Sphinx wurde aus einem einzigen riesigen Kalksteinblock herausgearbeitet und ist die größte, heute noch existierende Skulptur der Antike. Vielleicht kamen Pyramidenarbeiter auf die Idee, sie zu Ehren Chephrens zu schaffen, nachdem sie einen sphinxähnlichen Stein entdeckt hatten.

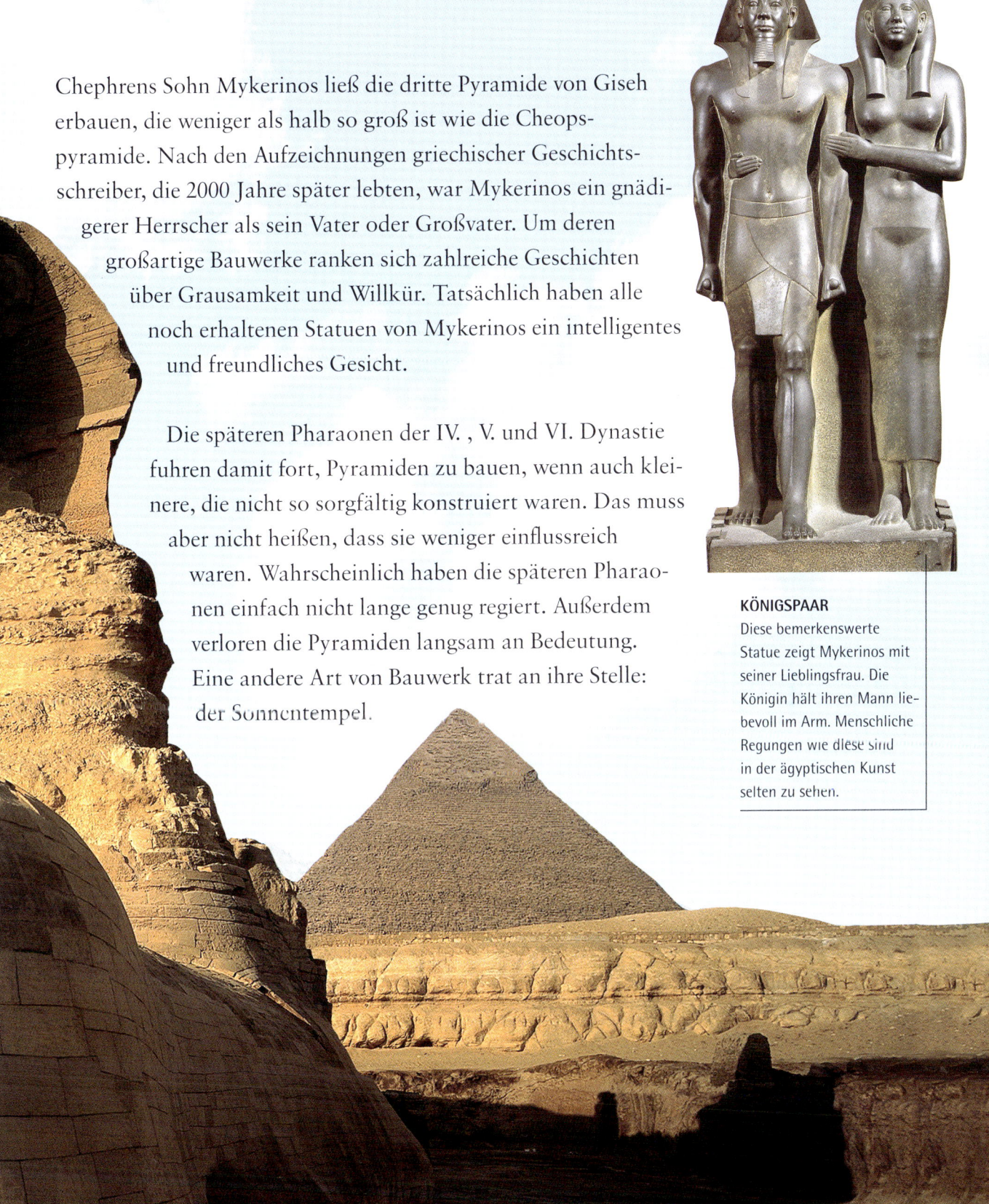

Chephrens Sohn Mykerinos ließ die dritte Pyramide von Giseh erbauen, die weniger als halb so groß ist wie die Cheopspyramide. Nach den Aufzeichnungen griechischer Geschichtsschreiber, die 2000 Jahre später lebten, war Mykerinos ein gnädigerer Herrscher als sein Vater oder Großvater. Um deren großartige Bauwerke ranken sich zahlreiche Geschichten über Grausamkeit und Willkür. Tatsächlich haben alle noch erhaltenen Statuen von Mykerinos ein intelligentes und freundliches Gesicht.

Die späteren Pharaonen der IV. , V. und VI. Dynastie fuhren damit fort, Pyramiden zu bauen, wenn auch kleinere, die nicht so sorgfältig konstruiert waren. Das muss aber nicht heißen, dass sie weniger einflussreich waren. Wahrscheinlich haben die späteren Pharaonen einfach nicht lange genug regiert. Außerdem verloren die Pyramiden langsam an Bedeutung. Eine andere Art von Bauwerk trat an ihre Stelle: der Sonnentempel.

KÖNIGSPAAR
Diese bemerkenswerte Statue zeigt Mykerinos mit seiner Lieblingsfrau. Die Königin hält ihren Mann liebevoll im Arm. Menschliche Regungen wie diese sind in der ägyptischen Kunst selten zu sehen.

KAPITEL DREI

Der Untergang des *Alten* Reiches

Die Pharaonen der V. Dynastie (2494–2345 v. Chr.) nennt man auch Sonnenkönige. Unter ihrer Herrschaft erreichte die Verehrung des Sonnengottes Re einen Höhepunkt. Mit der folgenden VI. Dynastie ging das Alte Reich zu Ende.

USERKAF, DER ERSTE PHARAO der V. Dynastie, ließ den ersten von zahlreichen Sonnentempeln bauen und leitete damit einen religiösen Wandel ein. Der Tempel gehörte zu einem großen Gelände, das von Kalksteinmauern umgeben war. In seiner Mitte ragte ein Obelisk empor, eine Steinsäule mit einer pyramidenförmigen Spitze. Davor stand ein Altar, der für die Opferung von Tieren gedacht war. Daneben hatte man eine Barke aufgestellt, das Boot des Sonnengottes. Damit konnte die Sonne jeden Tag über den Himmel segeln. Wandmalereien schmückten das Innere der Sonnentempel. Sie zeigten Abbildungen von Vögeln und anderen Tieren. Die Ägypter liebten Motive aus der Natur. Diese Szenen sind so sorgfältig ausgeführt, dass sie fast lebensecht wirken. In einem Land, dessen gleißende Wüstensonne alles

◀ Der Sonnengott Re-Harachte, Wandmalerei aus einem Grab der V. Dynastie

verblassen lässt, wusste man das großartige Farben- und Formenspiel ganz besonders zu schätzen.

Die V. Dynastie besteht aus zahlreichen Königen, manche von ihnen regierten nur kurze Zeit. Unter dem Pharao Unas, dem letzten der Dynastie, scheint es zu einer großen Hungersnot gekommen zu sein. Auch die VI. Dynastie (2345–2181 v. Chr.) hatte mit zahlreichen Schwierigkeiten zu kämpfen. Teti, der erste Pharao dieser Dynastie, wurde von seinem Leibwächter ermordet. Ihm folgte sein Sohn Pepi I. auf den Thron. Eine seiner Frauen trachtete ihm ebenfalls nach dem Leben. Pepi I. deckte die Verschwörung auf, seine Frau wurde verhaftet und vor Gericht gestellt. Wahrscheinlich wurde sie zum Selbstmord durch Gift gezwungen, eine verbreitete Strafe im alten Ägypten.

Pepi I. regierte 50 Jahre lang. Sein Antlitz wurde in der ältesten lebensgroßen Kupferstatue verewigt, die noch erhalten ist. Sein lin-

TIERBILDER
Die Sonnentempel wurden mit lebensnahen Darstellungen von wild lebenden Tieren im Papyrusdickicht ausgeschmückt.

PEPI I.
Auch wenn das Kupfer dieser 4300 Jahre alten Statue stark korrodiert ist, wirkt das Gesicht des Pharaos immer noch weise und lebensecht.

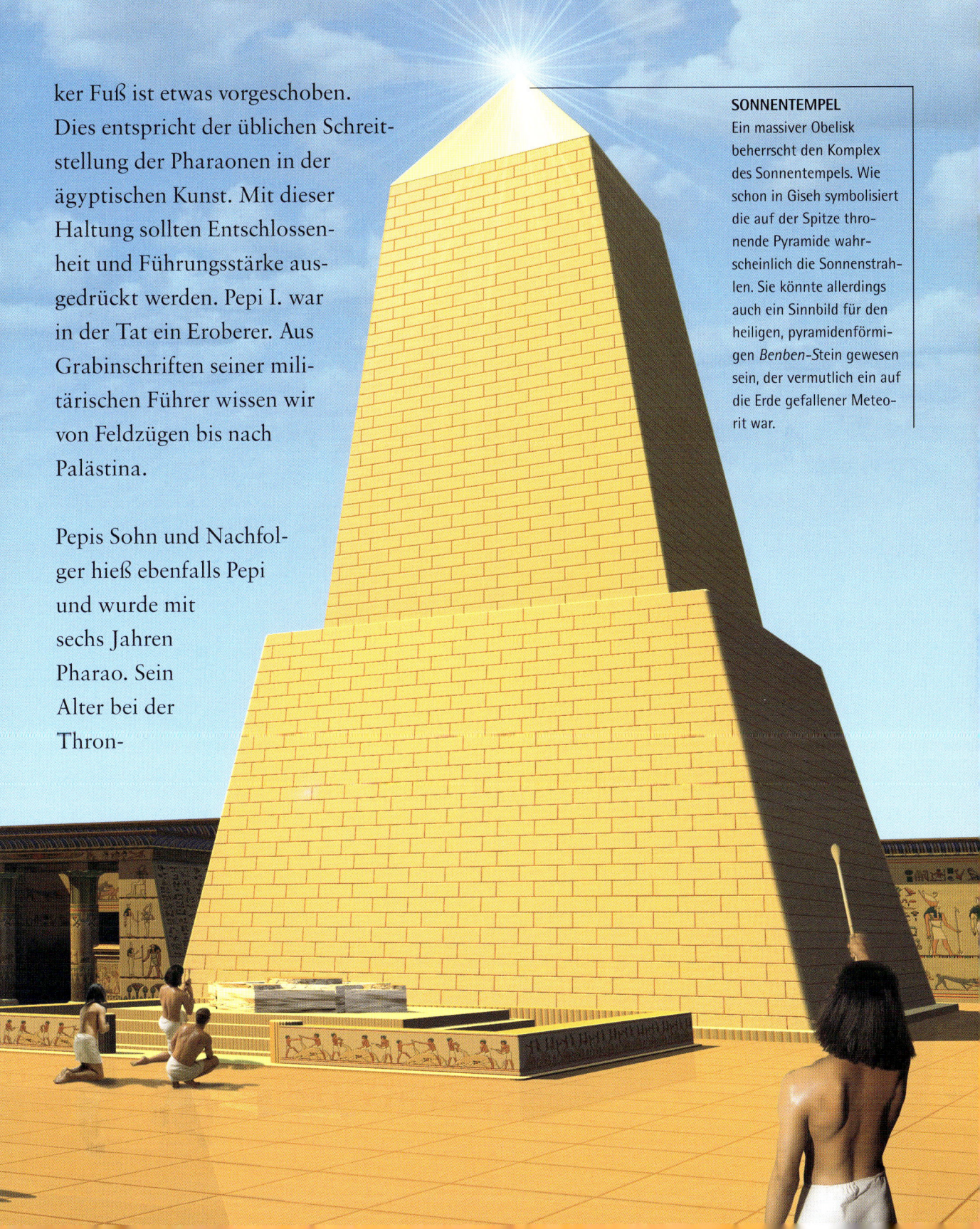

ker Fuß ist etwas vorgeschoben.
Dies entspricht der üblichen Schreit-
stellung der Pharaonen in der
ägyptischen Kunst. Mit dieser
Haltung sollten Entschlossen-
heit und Führungsstärke aus-
gedrückt werden. Pepi I. war
in der Tat ein Eroberer. Aus
Grabinschriften seiner militärischen Führer wissen wir
von Feldzügen bis nach
Palästina.

Pepis Sohn und Nachfol-
ger hieß ebenfalls Pepi
und wurde mit
sechs Jahren
Pharao. Sein
Alter bei der
Thron-

SONNENTEMPEL
Ein massiver Obelisk
beherrscht den Komplex
des Sonnentempels. Wie
schon in Giseh symbolisiert
die auf der Spitze thro-
nende Pyramide wahr-
scheinlich die Sonnenstrahlen. Sie könnte allerdings
auch ein Sinnbild für den
heiligen, pyramidenförmi-
gen *Benben-*Stein gewesen
sein, der vermutlich ein auf
die Erde gefallener Meteo-
rit war.

KINDKÖNIG
Diese kleine Alabasterstatue zeigt Pepi II. als Kind auf dem Schoß seiner Mutter. Er trägt bereits das königliche *Nemes*-Kopftuch.

besteigung tat seiner Macht keinen Abbruch. Die Menschen glaubten, der Pharao sei der Sohn des Horus und damit Gott auf Erden. Viele Pharaonen, die so jung auf den Thron kamen, konnten auf eine beachtliche Regierungszeit zurückblicken. Pepi II. regierte länger als irgendein anderer Herrscher auf der Welt – nach heutigen Berechnungen erstaunliche 94 Jahre.

Doch unter seiner Herrschaft begann Ägypten erste Zeichen des Verfalls zu zeigen. Die Verwaltung arbeitete schlampig und wirkungslos. Ein großer Teil des ägyptischen Vermögens wurde für den Unterhalt ausländischer Provinzen ausgegeben. Doch am schlimmsten war, dass dem Pharao die Macht entglitt. Die Könige der V. und VI. Dynastie hatten Teile ihrer Befugnisse an regionale Mitglieder der Oberschicht sowie an Beamte

abgegeben. Ägypten hatte sich zwar immer schon auf seine Beamten verlassen, aber so viele hatte es noch nie gegeben. Allein der königliche Haushalt beschäftigte bereits einen Wesir und einen Schatzmeister, die jeder eine Armee von Schreibern und Beamten befehligten. Dazu kamen Diener, Köche, Wächter, Ammen und Priester, die in den Palastgebäuden arbeiteten – alles in allem mehrere tausend Menschen.

Schon seit frühester Zeit hatte sich die Regierung um alles gekümmert, um den Ägyptern Sicherheit und Wohlstand zu garantieren. Sie regelte das Leben der Menschen bis ins kleinste Detail. Es gab Staatsbeamte, die die Vorratshaltung und Verteilung des Korns aus den öffentlichen Kornspeichern organisierten. Andere kümmerten sich um das Gold und die Edelsteine in den königlichen Schatzkammern. Wieder andere organisierten Waffen für die Streitkräfte. Es gab Abteilungen für Außenhandel, für den Bau von Grabmälern, Tempeln und Pyramiden sowie Abtei-

FANGQUOTEN
Ein Fischer musste jährlich 5000 Fische fangen, sonst galt er als Versager und wurde bestraft. Der gesamte Handel wurde staatlich kontrolliert.

SCHREIBER
Sie nahmen eine herausragende Stellung ein, denn sie gehörten zu den wenigen Menschen, die lesen und schreiben konnten.

lungen für die Steuererhebung. Beamte sorgten dafür, dass die Dämme und Kanäle des Nils in gutem Zustand blieben und überprüften die „Nilometer", Messanlagen zur Bestimmung der jährlichen Fluthöhe. Die Steuern wurden je nach der Höhe des Wasserstands jedes Jahr neu festgelegt. Je höher der Wasserstand, desto größer die Ernte und desto höher die Steuern!

Ägypten war in Verwaltungsprovinzen oder Gaue eingeteilt, die so genannten „nome". Ihnen waren Bürgermeister, Priester, Aufseher und ein Provinzvorsteher oder Gaufürst zugeordnet. Letzterer war häufig auch der Hohepriester des örtlichen Tempels, sodass Politik und Religion eng miteinander verflochten waren. Rechtsstreitigkeiten wurden von örtlichen Gerichten verhandelt.

Theoretisch gehörte alles Land dem Pharao. Geld war noch unbekannt, und so bezahlte man Staatsdiener mit einem Stück Land, auf dem sie anbauen konnten, was sie zum Leben oder Handeln brauchten. Sie wurden ebenfalls als Schreiber ausgebildet, denn alle Staatsdiener mussten lesen, schreiben und rechnen können. Staatsämter wurden meist innerhalb der Familie vererbt, das heißt der Sohn folgte dem Vater in seinem Amt. Staatsdiener zahlten keine Steuern und genossen noch viele andere Vorteile. Auch die übrige

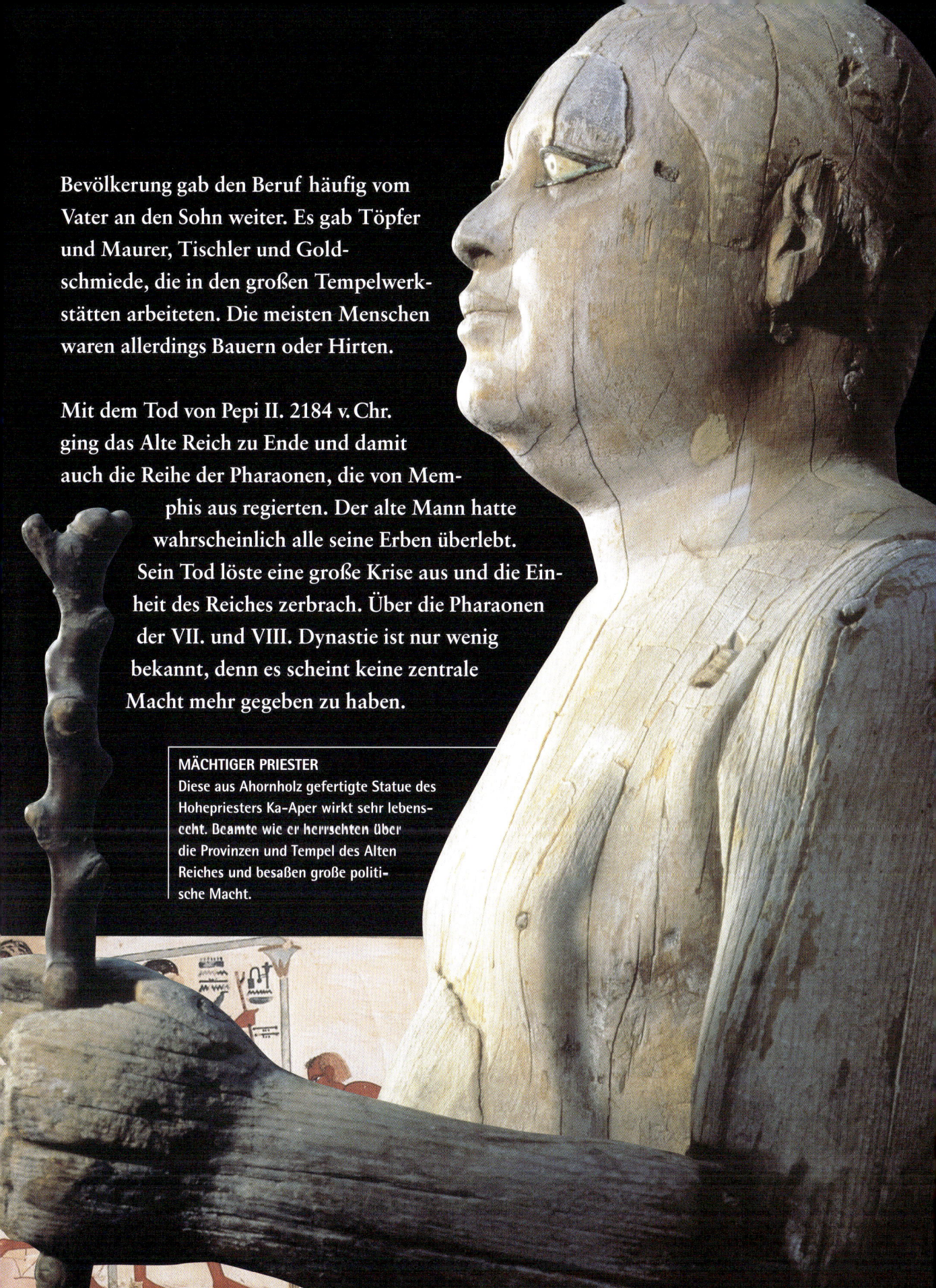

Bevölkerung gab den Beruf häufig vom Vater an den Sohn weiter. Es gab Töpfer und Maurer, Tischler und Goldschmiede, die in den großen Tempelwerkstätten arbeiteten. Die meisten Menschen waren allerdings Bauern oder Hirten.

Mit dem Tod von Pepi II. 2184 v. Chr. ging das Alte Reich zu Ende und damit auch die Reihe der Pharaonen, die von Memphis aus regierten. Der alte Mann hatte wahrscheinlich alle seine Erben überlebt. Sein Tod löste eine große Krise aus und die Einheit des Reiches zerbrach. Über die Pharaonen der VII. und VIII. Dynastie ist nur wenig bekannt, denn es scheint keine zentrale Macht mehr gegeben zu haben.

MÄCHTIGER PRIESTER
Diese aus Ahornholz gefertigte Statue des Hohepriesters Ka-Aper wirkt sehr lebensecht. Beamte wie er herrschten über die Provinzen und Tempel des Alten Reiches und besaßen große politische Macht.

HUNGERSNOT
Dieses Relief aus dem Alten Reich zeigt Menschen, die an Hunger sterben. Weil sich das Klima abgekühlt hatte, war die Leben spendende Nilflut ausgeblieben.

Das hatte fatale Folgen für ganz Ägypten. Eine große Hungersnot brach aus, vielleicht weil der Nil mehrere Jahre lang nicht weit genug über die Ufer trat. Seuchen brachen aus, Gaufürsten führten Krieg gegeneinander und Räuber plünderten die Pharaonengräber – eines der schlimmsten Verbrechen im alten Ägypten. Wissenschaftler vermuten, dass auch die Große Pyramide in dieser Zeit aufgebrochen wurde.

Damals konnte Ägypten auf eine 1000 Jahre alte, blühende Zivilisation zurückblicken, die im Zeitalter der Pyramiden ihren technologischen Höhepunkt erreicht hatte. Der Zusammenbruch dieser Ordnung und das Chaos, das darauf folgte, muss für die Menschen ein furchtbarer Schock gewesen sein. So etwas hatten sie noch nie erlebt. Auch die nächsten 2000 Jahre sollte das Niltal abwechselnd von großer politischer Stabilität und wilder Anarchie geprägt sein.

Das Alte Reich war untergegangen, doch seine Errungenschaften gerieten nicht in Vergessenheit. Spätere Generationen sahen in ihm ein Goldenes Zeitalter. Den Ägyptern war ihre Vergangenheit heilig. So wie sie mit ihren aufwändigen Gräbern den Toten huldigten, verehrten sie auch die Geschichte ihres Landes.

Doch die Ägypter priesen ihre Vergangenheit nicht nur, sie kopierten sie auch. Etwa 2000 Jahre nach dem Zusammenbruch des Alten Reiches lebten Ägyptens Herrscher noch immer nach den alten Sitten und Gebräuchen. Bildhauer und Künstler arbeiteten weiterhin im alten Stil, ja sogar die damalige Kleidung und Schreibweise wurden imitiert. Auf diese Art wollte man an die einstige Größe anknüpfen und aus dem Ideenreichtum der Vergangenheit schöpfen, um die Gegenwart zu stärken.

Die turbulente Epoche nach dem Niedergang des Alten Reiches bezeichnet man als „Erste Zwischenzeit" (2181–2055 v.Chr.), denn sie liegt zwischen dem Alten und dem Mittleren Reich. Damals herrschte Chaos, und die Einheit Ägyptens zerbrach. Auf die Pharaonen der VII. und VIII. Dynastie folgten die Herrscher der IX. und X. Dynastie, die für etwa 135 Jahre regierten. Trotzdem weiß

VORBILDFUNKTION
Dieses bemalte Kalksteinrelief zeigt eine Prinzessin vor einem Tisch mit Broten. Das Bild ist typisch für die großartige Kunst des Alten Reiches, die noch jahrhundertelang als Vorbild diente.

Die Zeit im alten Ägypten

Die Ägypter stellten sich die Zeit als gewundene Schlange vor. Die Zeit wurde also nicht als gerade Linie, die von der Vergangenheit in die Zukunft führt, wahrgenommen, sondern als Kreis oder Zyklus. Schon das Alte Reich konnte auf eine lange Geschichte zurückblicken. Seine Aufzeichnungen reichten weit zurück in eine Zeit der Mythen und Legenden. Zahlreiche Listen mit Herrscherdaten oder politischen Ereignissen wurden angelegt. Noch heute greifen die Geschichtsforscher auf eine dieser Listen zurück, die um 300 v.Chr. von dem ägyptischen Priester Manetho angelegt wurde.

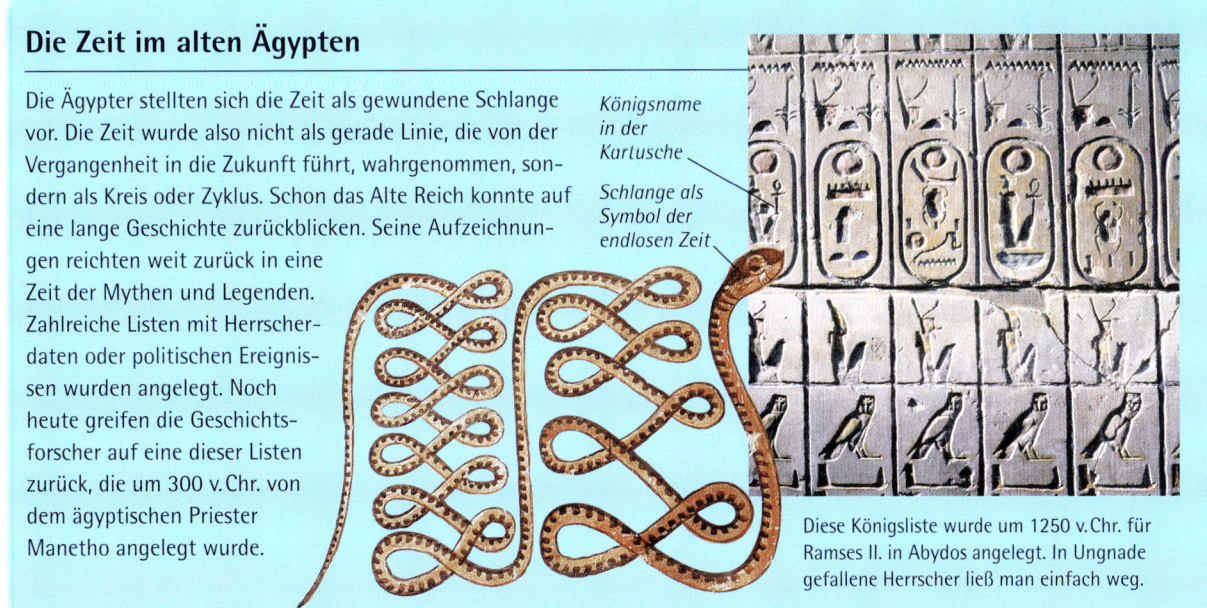

Königsname in der Kartusche

Schlange als Symbol der endlosen Zeit

Diese Königsliste wurde um 1250 v.Chr. für Ramses II. in Abydos angelegt. In Ungnade gefallene Herrscher ließ man einfach weg.

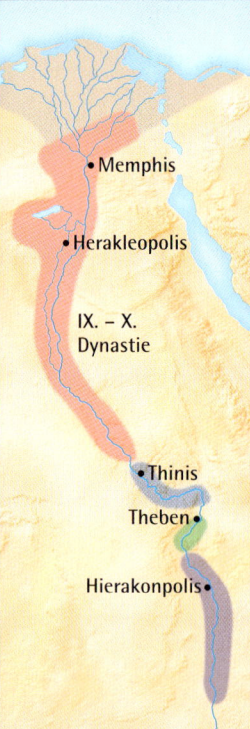

man über ihre Herrschaft nur wenig. Fest steht nur, dass die Hauptstadt von Memphis ins weiter nördlich gelegene Herakleopolis verlegt wurde. Ihr Einfluss erstreckte sich allerdings nicht mehr über ganz Ägypten.

In diesen schwierigen Zeiten wurden die Provinzen und Städte Ägyptens immer unabhängiger. Gaufürsten und Adelige gewannen an Macht und Einfluss und ließen sich stets größere und reicher ausgestattete Gräber errichten. Einer davon war Anchtifi, ein mächtiger Gaufürst über zwei Provinzen in Südägypten. Eine Inschrift in seinem Grab rühmt ihn dafür, dass er sich während einer Hungersnot aufopferungsvoll um die Armen kümmerte.

Unruhen und Kriege waren in der Ersten Zwischenzeit

GETEILTES LAND
Diese Karte zeigt den Zerfall Ägyptens während der Ersten Zwischenzeit. Die politische Macht war zwischen der in Unterägypten regierenden IX. und X. Dynastie (rot) und den Herrschern von Thinis, Theben und Hierakonpolis in Oberägypten aufgeteilt.

HEIMSTATT DER TOTEN
Hinter den Pfeilern dieses Saff-Grabes liegt eine schräg ansteigende Decke. Das Grab sollte an die Holzveranden und Deckenbalken ägyptischer Wohnhäuser erinnern.

an der Tagesordnung. Die größten Rivalen der Pharaonen in Herakleopolis waren die Herrscher der Stadt Theben in Südägypten. Die ersten thebanischen Führer hießen Antef. Sie führten neue Sitten ein und brachen mit den Traditionen des Alten Reiches. Sie schufen auch eine neue Art von Grabmal, die so genannten Saff-Gräber. Saff ist das arabische Wort für „Reihe" und meint die Säulen, die ihren Eingang schmücken. Diese Gräber wurden direkt in den Felsen hineingebaut. Ein langer Gang führte in einen Tempelraum, von dem aus man über einen Schacht in die Grabkammer gelangte.

Antef II. und III. weiteten die Grenzen des thebanischen Königreiches langsam nach Norden aus. Doch erst ihr Nachfolger Mentuhotep konnte den Sieg über die Pharaonen in Herakleopolis erringen und Ägyptens unter der XI. Dynastie neu einigen. Damit war die Erste Zwischenzeit mit ihren Bürgerkriegen und Provinzunruhen zuende und das Mittlere Reich brach an.

MÄCHTIGER MENTUHOTEP
Diese Steinstatue von Mentuhotep zeigt ihn mit der eng anliegenden weißen Kleidung, die er beim *Sed*-Fest trug, und einer riesigen roten Krone.

KAPITEL VIER

Das *Mittlere* Reich

Mentuhotep regierte 51 Jahre lang und das so erfolgreich, dass die Ägypter ihn noch 1000 Jahre nach seinem Tod als Begründer des Mittleren Reiches verehrten. Diese politisch äußerst stabile Epoche dauerte 250 Jahre.

SEIN SELBSTBEWUSSTSEIN GING SO WEIT, dass er sich schon zu Lebzeiten zum Gott erklärte und einen seiner Tempel das Haus der Tausend Jahre nannte. Im Grunde führte Mentuhotep den Pharaonenkult wieder ein. Viele seiner in Stein gehauenen oder gemalten Bildnisse sind noch erhalten. Auf einem Tempel sieht man ihn beim *Sed*-Fest. Dabei musste der Pharao ein Rennen vor dem versammelten Volk laufen. Diese Zeremonie sollte die göttliche Kraft des Pharaos stärken und fand in seinem 30. Regierungsjahr statt. In einem anderen Tempel wird Mentuhotep gezeigt, wie er auf seinem Thron sitzt, die symbolische Geißel in der rechten Hand. Erwartungsgemäß gab Mentuhotep auch eine imposante letzte Ruhestätte für sich in Auftrag.

◄ Statue von Amenemhet III. als Sphinx aus schwarzem Granit

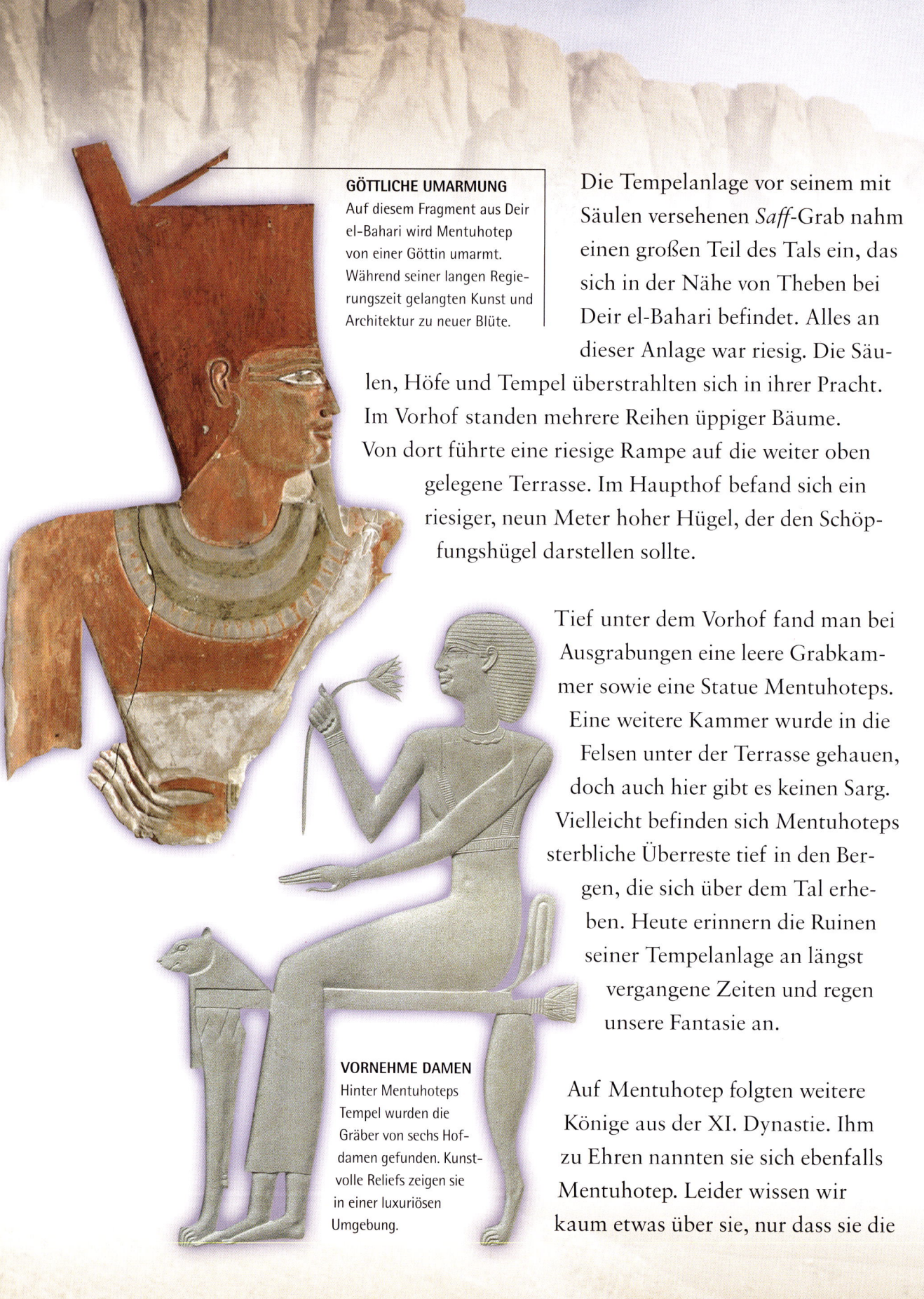

GÖTTLICHE UMARMUNG
Auf diesem Fragment aus Deir el-Bahari wird Mentuhotep von einer Göttin umarmt. Während seiner langen Regierungszeit gelangten Kunst und Architektur zu neuer Blüte.

VORNEHME DAMEN
Hinter Mentuhoteps Tempel wurden die Gräber von sechs Hofdamen gefunden. Kunstvolle Reliefs zeigen sie in einer luxuriösen Umgebung.

Die Tempelanlage vor seinem mit Säulen versehenen *Saff*-Grab nahm einen großen Teil des Tals ein, das sich in der Nähe von Theben bei Deir el-Bahari befindet. Alles an dieser Anlage war riesig. Die Säulen, Höfe und Tempel überstrahlten sich in ihrer Pracht. Im Vorhof standen mehrere Reihen üppiger Bäume. Von dort führte eine riesige Rampe auf die weiter oben gelegene Terrasse. Im Haupthof befand sich ein riesiger, neun Meter hoher Hügel, der den Schöpfungshügel darstellen sollte.

Tief unter dem Vorhof fand man bei Ausgrabungen eine leere Grabkammer sowie eine Statue Mentuhoteps. Eine weitere Kammer wurde in die Felsen unter der Terrasse gehauen, doch auch hier gibt es keinen Sarg. Vielleicht befinden sich Mentuhoteps sterbliche Überreste tief in den Bergen, die sich über dem Tal erheben. Heute erinnern die Ruinen seiner Tempelanlage an längst vergangene Zeiten und regen unsere Fantasie an.

Auf Mentuhotep folgten weitere Könige aus der XI. Dynastie. Ihm zu Ehren nannten sie sich ebenfalls Mentuhotep. Leider wissen wir kaum etwas über sie, nur dass sie die

Landesgrenzen erfolgreich verteidigten und mit ihren Nachbarn Handel trieben. Die Herrschaft der XI. Dynastie endete, als ein Mann namens Amenemhet, vermutlich ein Wesir oder Erster Minister des letzten Mentuhotep, selbst König wurde. Obwohl er aus eher bescheidenen Verhältnissen stammte, hatte er sich bis ganz nach oben gearbeitet und es geschafft, selbst den Horusthron zu besteigen. Auch wenn der Pharao als Gott auf Erden

BERÜHMTE RUINEN

Heute ist nur noch wenig von Mentuhoteps Tempel erhalten geblieben. Damals muss die Anlage mit dem „Schöpfungshügel" und den Schatten spendenden Bäumen einen herrlichen Anblick geboten haben.

angesehen wurde, stand der Weg zur Macht im Prinzip jedem offen. Ob Amenemhet auf den Thron gelangte, weil sein Vorgänger ohne Erben starb, oder ihn sich mit Gewalt nahm, wissen wir nicht. Fest steht nur, dass er sich als äußerst fähiger Herrscher erwies.

Die von Amenemhet begründete XII. Dynastie regierte etwa 200 Jahre lang (1985–1795 v. Chr.). Damals führten die Pharaonen das neue Prinzip der Mitregentschaft ein, d. h. sie regierten eine Zeit lang gemeinsam mit dem von ihnen erwählten Nachfolger.
Auf diese Weise wollten sie im Falle ihres Todes eine reibungslose Machtübergabe sicherstellen. Das führte jedoch dazu, dass sich die genauen Regierungsdaten der einzelnen Herrscher nur noch schwer bestimmen lassen.

TEMPELBÄUME

Dieses Relief zeigt die Ahorn- und Tamariskenbäume, die in mehreren Reihen vor Mentuhoteps Tempel standen.

EXOTISCHES NUBIEN
Aus Nubien importierten die Ägypter viele exotische Waren. Diese Wandmalerei zeigt Nubier, die Goldringe, roten Jaspis, Giraffenschwänze, Leopardenfelle und Ebenholzstämme tragen.

LUXUSGÜTER
Dieses mit einem Goldgriff versehene Schwert wurde wahrscheinlich aus dem Mittleren Osten importiert. Der Spiegel ist aus polierter Bronze.

Der neue Pharao trieb mit seinen Nachbarn Handel und führte Ägypten zu Frieden und Wohlstand. Der Nil und seine fruchtbaren Ufer versorgten die Menschen mit fast allem, was sie brauchten. Im Tausch gegen Korn und Gold erstanden die Pharaonen Luxusgüter aus fernen Ländern. Waffen, Möbel und Lapislazuli (ein kostbarer blauer Stein) importierte man aus Mesopotamien, Zedernholz kam aus dem Libanon. Der Weihrauch für die religiösen Zeremonien stammte aus dem sagenumwobenen Land Punt südöstlich von Ägypten, während man aus Nubien Panterfelle, Straußenfedern und Giraffenschwänze bezog. Letztere wurden als Fliegenwedel benutzt.

Amenemhet regierte fast 30 Jahre lang. Einer seiner Namen bedeutete „Wiedergeburt" und verweist damit auf den Beginn eines neuen Zeitalters und einer neuen Dynastie. Amenemhet verlegte die Hauptstadt von Theben nach Iti-taui südlich von Memphis.

Hier ließ er eine völlig neue Stadt aus dem Boden stampfen. Da die Häuser und Gebäude in der Regel aus Lehmziegeln bestanden, war das in relativ kurzer Zeit möglich. Ein beständigeres Bauwerk schuf Amenemhet mit seinem Grabmal, einem ganzen Pyramidenkomplex. Für die Ägypter waren Pyramiden Symbole der Macht. Seine Pyramide sollte zeigen, dass er fest entschlossen war, über ganz Ägypten zu herrschen.

Indem ein neuer, starker König den Thron bestieg, wurde auch die Regierungsmacht gestärkt. Amenemhet zog gegen eine Reihe von Beduinenstämmen der östlichen Wüste in den Krieg. Die Reichtümer, die er auf seinen Feldzügen erbeutete, ermöglichten es ihm, den Beamtenapparat erheblich zu vergrößern. Unter der XII. Dynastie erhielt die Regierung Ägyptens nach dem Chaos der Ersten Zwischenzeit endlich wieder ein solides Fundament.

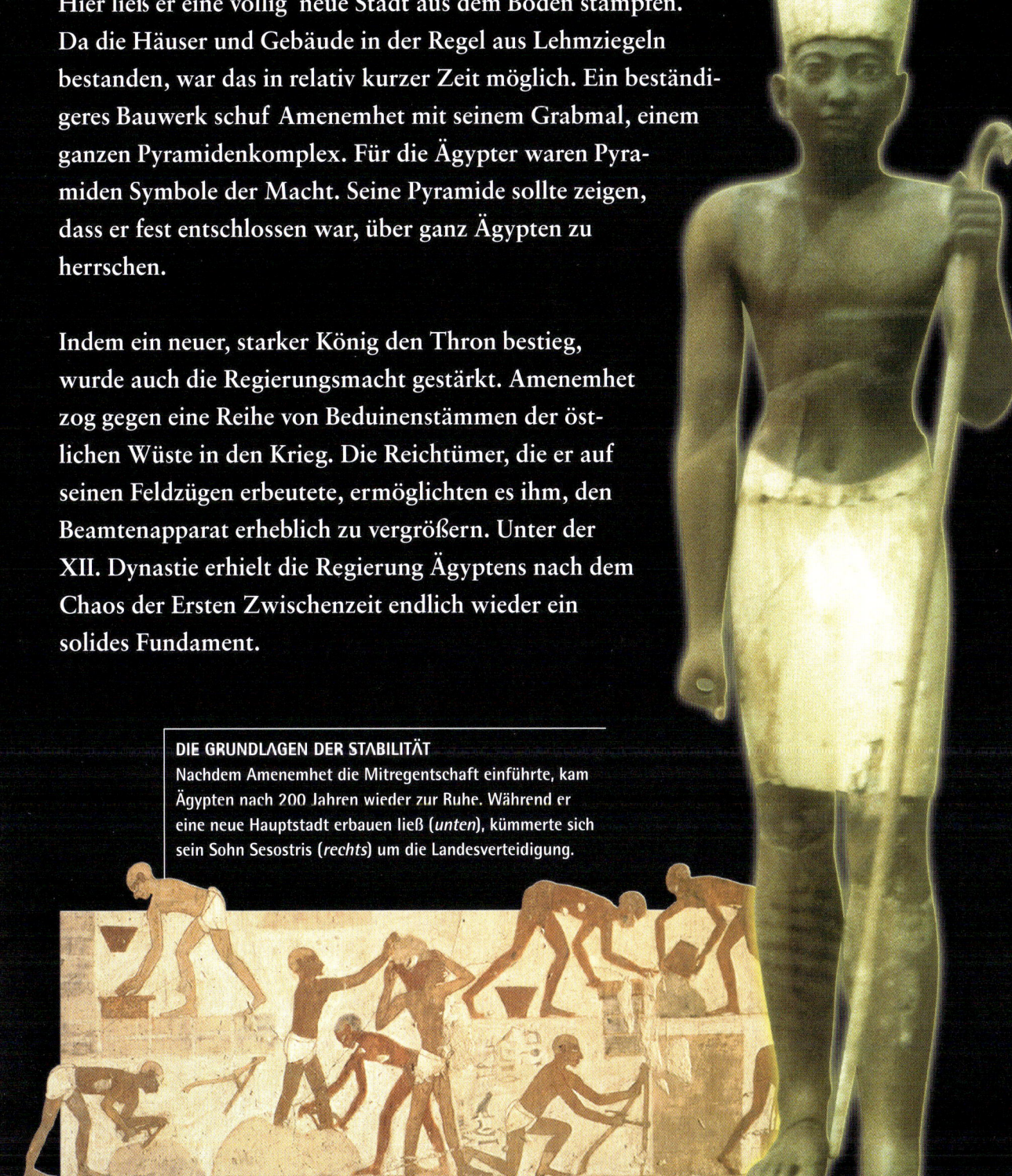

DIE GRUNDLAGEN DER STABILITÄT
Nachdem Amenemhet die Mitregentschaft einführte, kam Ägypten nach 200 Jahren wieder zur Ruhe. Während er eine neue Hauptstadt erbauen ließ (*unten*), kümmerte sich sein Sohn Sesostris (*rechts*) um die Landesverteidigung.

GERÖLLRESTE
Ein Haufen Sand und Geröll ist alles, was von der Pyramide Amenemhets I. in Lischt noch übrig ist. Der Kern bestand aus schmalen Steinblöcken, von denen viele von den Pyramiden in Giseh stammten. Die glatte Kalksteinverkleidung wurde schon vor langer Zeit gestohlen.

Die Politik von Amenemhet und seinen Nachfolgern war eher praxisorientiert. Es ist anzunehmen, dass sie das Leben im Diesseits mehr interessierte als das im Jenseits. Das wirkte sich natürlich auch auf den ägyptischen Glauben aus. Alle Pharaonen der XII. Dynastie taten viel für ihre Untertanen, indem sie Dämme bauten und die Landwirtschaft in Schwung brachten. Ihren Grabmälern schenkten sie weit weniger Aufmerksamkeit.

Unglücklicherweise wurde Amenemhet ermordet. In einem Pyramidentext erzählt der Pharao selbst von der schrecklichen Bluttat: „Ich schlief in meinem Bett ... Als ich erwachte, fand ich mich mitten in einem Kampf wieder und entdeckte, dass mich mein Leibwächter angriff." Man nimmt an, dass er einer Palastintrige zum Opfer gefallen ist. So mancher mag dem Emporkömmling ohne Anrecht auf den Thron ein schreckliches Ende gegönnt haben.

AUF DEM VORMARSCH
Diese Holzfiguren aus dem Grab eines Generals des Mittleren Reiches zeigen uns, wie Soldaten damals ausgesehen haben. Sie marschierten in Gruppen von 40-50 Männern und waren mit Speeren und Schildern bewaffnet.

Amenemhets Sohn Sesostris befand sich gerade auf einem Eroberungsfeldzug im Westen, als er vom Tod seines Vaters erfuhr. Daraufhin kehrte er sofort zurück und erstickte jede Revolte im Keim. Als Sesostris I. regierte er 45 Jahre lang. Wie schon sein Vater

führte er zahlreiche Kriege. Er eroberte das südlich angrenzende Nubien und machte daraus eine ägyptische Provinz. Außerdem entsandte er Handelsdelegationen nach Syrien und in andere weit entfernte Länder. Als Zeichen seiner Macht errichtete er viele Tempel und Bauwerke. Auf diese Weise trug er gleichzeitig dazu bei, den Einfluss seines Lieblingsgottes Osiris erheblich zu vergrößern.

Alle Ägypter kennen die Legende von Osiris – genauso wie alle Christen die Geschichte von Jesus kennen oder alle Muslime die von ihrem Propheten Mohammed. Der Legende nach soll Osiris einst als weiser und gerechter König über Ägypten geherrscht haben. Doch dann wurde er von seinem eifersüchtigen Bruder Seth ermordet und in Stücke gerissen. Seth verstreute die Teile des Leichnams über das ganze Land. Doch der Göttin Isis, Frau und Schwester des Osiris, gelang es, sie auf wunderbare Weise wieder zusammenzufügen. Später bekamen Isis und Osiris einen gemeinsamen Sohn namens Horus. Der schaffte es, Seth zu besiegen und in die Wüste zu verbannen. Dort wurde er zum Gott des Chaos und des Bösen. Durch seine Wiederauferstehung

GUTE AUSBILDUNG
Sesostris I. regierte zehn Jahre lang gemeinsam mit seinem Vater, bevor er selbst König wurde. Aus diesem Grund war er gut auf seine Aufgabe vorbereitet und ein weiser Herrscher. Er leitete mehrere Eroberungsfeldzüge.

TOTENGOTT
Osiris wird stets in einem weißen Totenhemd abgebildet. Mumien wurden genauso behandelt wie einst der Körper des Osiris. Wenn alles gut ging, wartete auch auf sie das ewige Leben.

wurde Osiris zum Gott der Wiedergeburt. Außerdem war er der Schutzgott des Nils, dessen alljährliche Flut Ägypten mit dem Leben spendenden Wasser versorgte. Aber er war auch der Gott der Unterwelt. Sein Königreich, das „Feld des Schilfes", lag jenseits gefährlicher Regionen tief unter der Erde. Die glücklichen Seelen, die dorthin gelangten, erlebten einen ewigen Frühling mit üppig sprießenden Blumen und Feldfrüchten. Hier bekam jeder Arme ein Stück Land, und der Pharao segelte mit der Sonnenbarke über den Himmel.

Das Besondere am Osiris-Kult, den Sesostris verbreitete, war, dass Arme und Reiche in den Genuss der ewigen Freuden gelangen konnten. Das Jenseits blieb also

DER TOD DES OSIRIS
Dieses Foto zeigt eine berühmte Szene aus der Osiris-Legende. Der eifersüchtige Seth hat heimlich einen wunderschönen Sarg nach den Maßen des Osiris angefertigt. Bei einem Fest verkündet er, den Sarg demjenigen zu schenken, der hineinpasst. Als sich Osiris hineinlegt, nagelt Seth den Sarg zu und wirft ihn in den Nil, der ihn aufs offene Meer hinausträgt.

Das Wiegen des Herzens

Bevor ein Verstorbener in das Königreich des Osiris gelangen konnte, musste er sich vor einem Göttergericht verantworten. Nach Fragen über sein Leben wurde sein Herz gegen die Feder der Wahrheit aufgewogen. Befanden sich die Schalen im Gleichgewicht, erhielt der Tote Zugang zum Jenseits. Doch wenn die Waage ausschlug, erwartete den schlechten Menschen ein furchtbares Schicksal. Sein Herz wurde der „Totenfresserin" Ammut vorgeworfen und seine Seele ausgelöscht.

Ein Toter erscheint vor dem Gott Anubis. | Die Götter sitzen zu Gericht. | Anubis wiegt das Herz gegen die Feder der Wahrheit auf. | Thot schreibt das Urteil auf. | Die schreckliche Göttin Ammut wartet.

nicht mehr nur dem Pharao vorbehalten. An bestimmten Festtagen führte man Mysterienspiele zu Ehren von Osiris auf. Dargestellt wird der König meist in „Mumienform": Er ist in ein langes weißes Gewand gehüllt und trägt dazu die Weiße Krone Oberägyptens. In den Händen hält er Krummstab und Geißel, die Symbole des Königtums und der Fruchtbarkeit. Sein Gesicht ist schwarz oder grün – die heiligen Farben der Fruchtbarkeit und Wiedergeburt.

Unter Sesostris I. erlebte die Literatur eine große Blüte. In dem Text *Die Lehren des Amenemhet* gibt der ermordete König seinem Nachfolger Ratschläge für das Pharaonenamt. Dieser soll seine Untertanen mit strenger Hand regieren und sich gut in Acht nehmen, damit er nicht von den Menschen aus seiner nächsten Umgebung verraten wird.

FELD DES SCHILFES
Diese Grabmalerei aus dem Neuen Reich zeigt einen Adeligen und seine Frau, die vergnügt das Korn ernten. Genau so stellten sich die Ägypter das Jenseits vor, nur dass der Weizen noch viel höher wuchs!

In *Die Geschichte des Sinuhe* geht es um einen jungen Mann, der aus Ägypten fliehen muss, weil er des Verrats beschuldigt wird. Doch als alter Mann kehrt er zurück und wird in Ehren aufgenommen. Die Moral von der Geschichte besteht darin, dass Ägypten seine wahre Mutter ist, mit der er im Tod wieder vereint wird.

Die wichtigste Textsammlung, die aus altägyptischer Zeit erhalten geblieben ist, ist das so genannte Totenbuch, eine Art „Handbuch für die Unterwelt". Manchmal wurde dem Verstorbenen eine Papyrusrolle mit der Abschrift dieses Totenbuchs mit ins Grab gegeben. Die Ägypter glaubten, dass es ursprünglich von Thot, dem Gott der Schreiber und der Weisheit, verfasst worden war. Es enthält über 200 Zaubersprüche, die der Verstorbene auf seinem Weg durch die gefährliche Unterwelt kennen muss, zum Beispiel um das Boot der Götter herbeizurufen oder den Göttern des Totengerichts Rede und Antwort stehen zu können. Andere Sprüche öffneten die Pforten zum Jenseits, die

STRENGER UNTERRICHT
Ägyptische Jungen der Oberschicht gingen im Alter zwischen vier und zwölf Jahren zur Schule. Der Unterricht war wahrscheinlich eher langweilig. Die Schüler wurden nicht zur Selbstständigkeit erzogen, sondern mussten viel auswendig lernen. Ließen sie es an Respekt fehlen, wurden sie mit Schlägen bestraft.

von Dämonen bewacht wurden.
In diesem Fall musste der Verstorbene
vortreten und sagen: „Ich kenne dich
und deinen Namen."

Andere Schriften enthalten Sprich-
wörter oder Benimmregeln: Sei höflich
zu Fremden und Gästen. Gib nicht an
oder sei übertrieben selbstbewusst.
Sei zufrieden mit dir und dem, was du
erreicht hast, anstatt deinen Nachbarn um
seinen Reichtum zu beneiden. Schuljungen lernten
diese Sprüche im Unterricht. Sie kritzelten sie auf Papyrusfetzen
oder Tonscherben, um sie sich besser zu merken. Weil Archäologen
viele dieser antiken „Spickzettel" gefunden haben, kennen wir diese
Sprüche noch heute.

Die Schulen wurden von Tempeln unterhalten und waren Jungen
aus der Oberschicht vorbehalten. Sie lernten hier lesen, schreiben
und rechnen, damit sie Priester, Schreiber oder Beamte werden
konnten. Die meisten Kinder gingen jedoch nicht zur Schule.
Jungen schauten sich alles von ihren Vätern ab. Sie halfen ihnen bei
der Landwirtschaft oder erlernten ein Handwerk. Mädchen ließen
sich von ihren Müttern zeigen, wie man einen Haushalt führt.

Der vielleicht bemerkenswerteste Pharao des Mittleren Reiches war der mächtige
Sesostris III. (1874–1855 v. Chr.). Er soll beinahe
zwei Meter groß gewesen sein und war mit
Sicherheit eine äußerst beeindruckende Gestalt.
Sesostris III. stärkte die Stellung des Königs und
verringerte den Einfluss der Oberschicht.

SCHREIBÜBUNGEN
Hieroglyphen waren schwer
zu malen und mussten
häufig geübt werden. Hier
hat sich ein Schüler mehr-
mals an der Hieroglyphe
einer jungen Ente versucht.
Der Löwenkopf daneben
kommt in einer Szene
des Totenbuchs vor.

BUCHVERSTECK
Diese Holzfigur, die Osiris
darstellt, stammt aus einem
Grab. In einem Geheimfach
war eine gerollte Abschrift
des ägyptischen Toten-
buchs versteckt.

Er führte Krieg gegen Nubien und baute mehrere Befestigungsanlagen entlang der südlichen Grenze. Eine großartige Leistung war auch der Bau eines Kanals, der einen felsigen Stromschnellenabschnitt des Nils, einen so genannten Katarakt, umging. Auf diese Weise konnten Schiffe diese Stelle ungehindert passieren. Zahlreiche Inschriften berichten von seinen Taten.

NUBISCHE FESTUNG
Die Befestigungsanlagen von Sesostris III. bestanden aus Wassergräben und Türmen. Damit erinnern sie an mittelalterliche Burgen.

Die Statuen dieses Pharaos gehören zu den bekanntesten der ägyptischen Kunst. Sesostris III. wird oft mit großen Ohren, nachdenklichen aber wachen Augen und heruntergezogenen Mundwinkeln dargestellt. Sein ernster Blick soll betonen, wie viel er für sein Volk getan hat. Abbildungen zeigen den Pharao nicht mehr als gottähnliche Figur, sondern als mächtigen Menschen. Trotzdem wurden die Pharaonen nach wie vor sehr verehrt. Noch Jahrhunderte nach seinem Tod gab es in Nubien einen Sesostris-Kult.

Sein Sohn Amenemhet III. scheint nach der Eroberungspolitik seines Vaters eine friedliche Regierungszeit gehabt zu haben. Er baute zwei Pyramiden, die an sein irdisches Leben erinnern sollten. Diejenige, die in Hawara steht, enthielt seinen Leichnam. Sie war mit vielen Geheimgängen, Falltüren, Sackgassen und falschen Wänden ausgestattet. Dieses raffinierte Labyrinth aus Kalkstein und Lehmziegeln sollte Grabräuber abschrecken und daran hindern, Gold und andere Schätze zu erbeuten. Doch der Plan ging nicht auf. Schon vor langer Zeit wurde sein Grab ausgeraubt. Gegen die menschliche

ERNSTER PHARAO
Diese Statue von Sesostris III. zeigt ihn nachdenklich. Die großen Ohren sind typisch für die Kunst dieser Zeit.

DIE SCHWARZE PYRAMIDE
Amenemhet III. wird hier vor den Ruinen seiner ersten Pyramide in Daschur dargestellt. Die Kalksteinverkleidung hat man schon vor langer Zeit geplündert. Dadurch wurde der Lehmziegelkern Wind und Wetter ausgesetzt.

Erfindungsgabe eines armseligen Diebes ist selbst ein Pharao machtlos!

LABYRINTHANLAGE
Dieses Bild zeigt, wie die Anlage der zweiten Pyramide von Amenemhet III. in Hawara mit dem Labyrinth ausgesehen haben könnte.

Der letzte Pharao der XII. Dynastie war eine Frau, Königin Neferusobek (1799-1795 v. Chr.). Vielleicht war sie schon Mitregentin von Amenemhet IV., bevor sie allein an die Macht gelangte. Einer ihrer Titel lautete „Weiblicher Falke, Geliebte des Re". Statuen zeigen sie in Männer- und Frauenkleidern, um ihren Status als weibliche Herrscherin noch zusätzlich zu unterstreichen. Neferusobek war eine von wenigen Königinnen, aber bei Weitem nicht die einzige Pharaonin in der ägyptischen Geschichte. Wie wir noch sehen werden, war sie auch nicht die Mächtigste.

Chaos *und* Wieder-vereinigung

Nach dem Tod der Königin Neferusobek begannen in Ägypten erneut unruhige Zeiten. Die darauf folgende XIII. Dynastie bestand aus etwa 70 unbedeutenden Königen. Die Macht brach zusammen.

ZU BEGINN DER ZWEITEN ZWISCHENZEIT, die von 1650 bis 1550 v. Chr. dauerte, wurde das gespaltene Ägypten von vielen Königen regiert. Infolge dieser chaotischen Zustände trat etwas ein, das viele Ägypter befürchtet hatten: Fremde, die Hyksos, übernahmen die Macht im Land und gründeten ihre eigene Dynastie. Das Unvorstellbare war geschehen: Nichtägypter hatten den Thron bestiegen. Ihre Dynastie, die XV., währte 100 Jahre. Woher die Hyksos kamen, weiß man nicht genau. Ihr Name ist ägyptisch und bedeutet „Herrscher der Fremdländer". Wahrscheinlich waren sie Einwanderer aus Palästina, Syrien oder dem Libanon und hatten bereits seit vielen Generationen in Ägypten gelebt. Mit der Zeit waren sie zu Einfluss und Wohlstand gelangt und schließlich an die Macht gekommen.

◀ Widder-Sphinx-Allee bei den Tempeln von Karnak

TÖDLICHE SPITZEN
Die ersten Pfeilspitzen
bestanden aus Feuer-
stein oder Hartholz.
Später benutzte man
Bronze. Abgerundete
Spitzen sollten verlet-
zen, dreieckige töten.

Die Hyksos-Pharaonen gründeten eine neue Hauptstadt und zwar
in Auaris im Nildelta. Dort kamen sie ursprünglich her und besaßen den größten Rückhalt. Obwohl sie Fremde waren, versuchten
sie sich mit ihren ägyptischen Vorgängern zu identifizieren. Sie
nahmen ägyptische Königsnamen an und verehrten den Sonnengott
Re. Aber sie suchten sich noch einen anderen ägyptischen Gott als
besonderen Schutzpatron aus: Seth, den Gott der Stürme, des
Chaos und der Wüsten – vielleicht, weil die Siedler ursprünglich
aus der Wüste stammten. Die Hyksos behielten auch andere Sitten
und Gebräuche bei, die den Ägyptern merkwürdig vorgekommen

BOGENSCHÜTZEN AUF DEM VORMARSCH
Die Hyksos führten einen neuen, längeren Bogentyp ein, mit dem
man auch aus einem fahrenden Streitwagen schießen konnte. Spätere Pharaonen heuerten nubische Bogenschützen als Söldner an.

sein müssen: Zum Beispiel gaben sie Verstorbenen auch deren Lieblingsaffen mit ins Grab.

GEWALTSAMES ENDE
Die Wunden an Sekenenres fürchterlich verstümmeltem Kopf zeigen, dass er von einem Speer und einer Axt getroffen wurde. Trotz der hastigen Einbalsamierung blieb die Mumie gut erhalten.

Diese Fremdherrscher führten auch technische Neuerungen in der Kriegsführung ein. Sie schafften Pferde und Streitwagen an, die es vorher in Ägypten nicht gegeben hatte. Außerdem waren sie sehr geschickte Bogenschützen. Selbstverständlich nutzten sie ihre militärischen Kenntnisse, um weite Teile des Landes unter ihre Kontrolle zu bringen. Für die Hyksos war ein erfolgreicher Pharao immer auch ein guter Feldherr.

Der bekannteste der Hyksos-Pharaonen, Apopi, regierte über 40 Jahre lang. Sein Name steht auf vielen Gebäuden, sogar auf denen früherer Pharaonen. Vielleicht wollte er dadurch etwas von ihrem Ruhm auf sich übertragen. Während Apopis im Norden herrschte, regierten zur gleichen Zeit einige kleinere ägyptische Könige der XVI. Dynastie im Süden – möglicherweise sogar mit Zustimmung der Hyksos. Doch ihre eigentlichen Rivalen saßen in Theben: die Herrscher der XVII. Dynastie.

Die Thebaner lehnten die Hyksos-Pharaonen ab. Ein thebanischer König, Sekenenre Tao, führte zwei Feldzüge gegen Auaris, starb jedoch vermutlich beim zweiten Angriff, da seine Mumie schwere Kopf- und Halsverletzungen aufweist. Der Mund steht offen, sodass man seine weißen Zähne sehen kann. Sein Haar ist immer noch schwarz. König Sekenenre Tao starb eindeutig eines gewaltsamen Todes.

DER GOTT DES BÖSEN
Seth war nicht nur der Gott des Chaos, sondern auch des Bösen. Trotzdem lehnten ihn die Ägypter nicht ab, wie heutige Religionen den Teufel ablehnen. Er gehörte ebenso zur ägyptischen Götterfamilie.

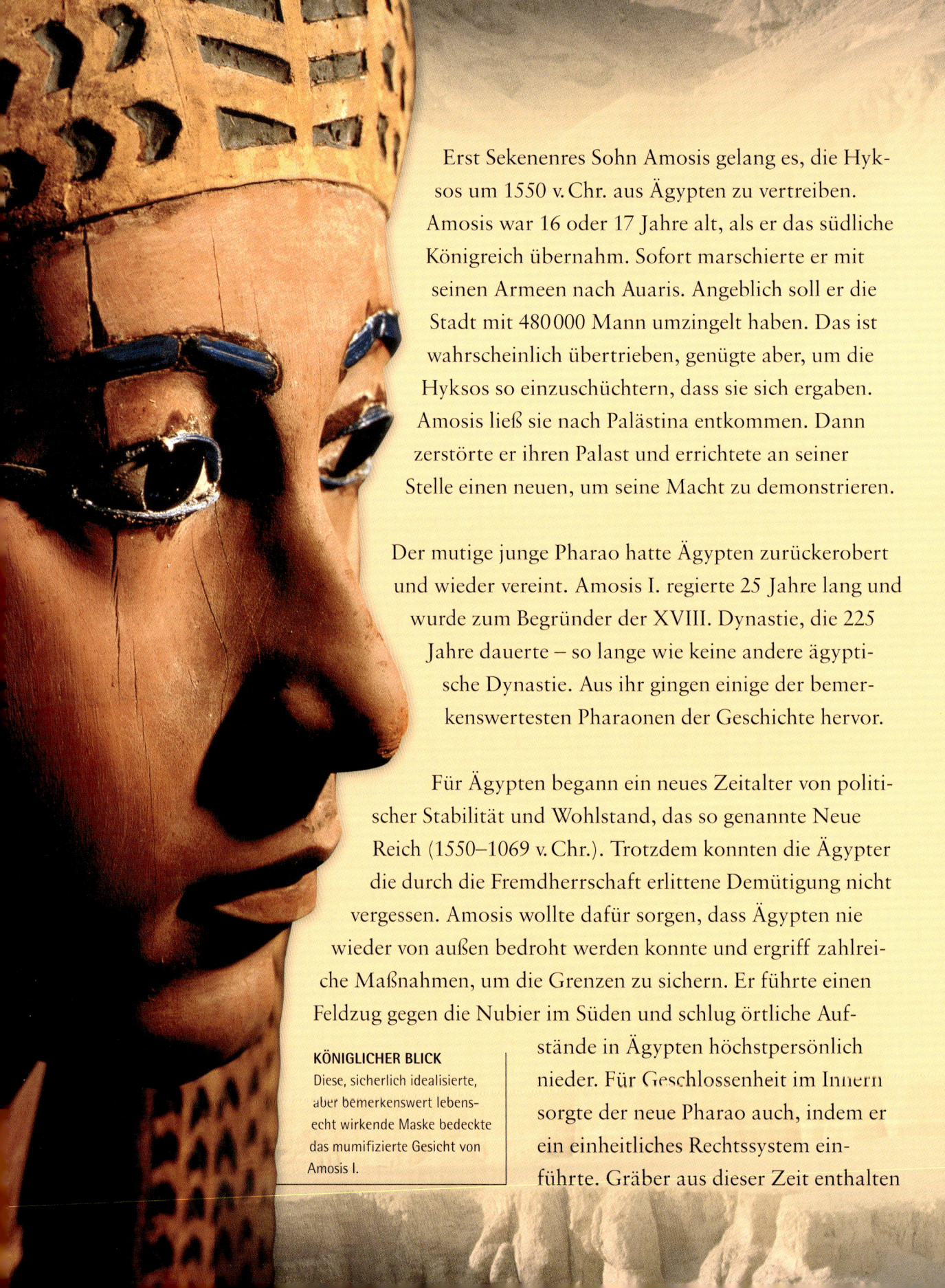

Erst Sekenenres Sohn Amosis gelang es, die Hyk-
sos um 1550 v. Chr. aus Ägypten zu vertreiben.
Amosis war 16 oder 17 Jahre alt, als er das südliche
Königreich übernahm. Sofort marschierte er mit
seinen Armeen nach Auaris. Angeblich soll er die
Stadt mit 480 000 Mann umzingelt haben. Das ist
wahrscheinlich übertrieben, genügte aber, um die
Hyksos so einzuschüchtern, dass sie sich ergaben.
Amosis ließ sie nach Palästina entkommen. Dann
zerstörte er ihren Palast und errichtete an seiner
Stelle einen neuen, um seine Macht zu demonstrieren.

Der mutige junge Pharao hatte Ägypten zurückerobert
und wieder vereint. Amosis I. regierte 25 Jahre lang und
wurde zum Begründer der XVIII. Dynastie, die 225
Jahre dauerte – so lange wie keine andere ägyptische Dynastie. Aus ihr gingen einige der bemer-
kenswertesten Pharaonen der Geschichte hervor.

Für Ägypten begann ein neues Zeitalter von politischer Stabilität und Wohlstand, das so genannte Neue
Reich (1550–1069 v. Chr.). Trotzdem konnten die Ägypter
die durch die Fremdherrschaft erlittene Demütigung nicht
vergessen. Amosis wollte dafür sorgen, dass Ägypten nie
wieder von außen bedroht werden konnte und ergriff zahlreiche Maßnahmen, um die Grenzen zu sichern. Er führte einen
Feldzug gegen die Nubier im Süden und schlug örtliche Auf-
stände in Ägypten höchstpersönlich
nieder. Für Geschlossenheit im Innern
sorgte der neue Pharao auch, indem er
ein einheitliches Rechtssystem einführte. Gräber aus dieser Zeit enthalten

KÖNIGLICHER BLICK
Diese, sicherlich idealisierte,
aber bemerkenswert lebensecht wirkende Maske bedeckte
das mumifizierte Gesicht von
Amosis I.

zahlreiche Luxusgegenstände und kostbaren
Schmuck. Das beweist, dass Amosis mit
seiner Politik Erfolg hatte und die Menschen
beträchtlichen Wohlstand erwerben konnten.
Amosis errichtete zahlreiche Tempel und Baudenkmäler an heiligen Stätten wie Memphis
und Theben, Karnak und Abydos. Viele
waren Osiris und anderen Göttern geweiht,
doch Amosis' Lieblingsgott war Amun, dessen Name „der Verborgene" bedeutet.

Amun wurde vor allem in Theben verehrt,
doch Amosis stellte das ganze Land unter den Schutz dieses
Gottes. Spätere Pharaonen bezeichneten sich als Söhne
Amuns, und Theben wurde die heiligste Stadt Ägyptens.
Amun wurde mit dem Sonnengott Re in Verbindung
gebracht. Beide wurden zu Amun-Re vereint, dem Gott der
Götter, dem Allerhöchsten, der bereits vor der Schöpfung
existiert hatte, ja die Schöpfung selbst war.

Niemand weiß, wo das Grab von Amosis liegt, doch seine
Mumie wurde gefunden. Die Pharaonengräber des Neuen
Reiches wurden im Tal der Könige tief in die Felsen
gehauen. Hier vermutete man den Eingang zur Unterwelt. Während des Neuen Reiches wurden dort fast
30 Pharaonen begraben. Doch um 1000 v.Chr. wurden so viele Gräber geplündert, dass sich einige
Priester entschlossen, eine große Anzahl von Mumien
in einem leeren Grab bei Deir el-Bahari neu zu
bestatten. Sie wurden erst gegen Ende des 19. Jahr-
hunderts gefunden, darunter einige der berühmtesten Pharaonen des Neuen Reiches wie Amosis.

DER VATER DER MUMIEN
Anubis, der schakalköpfige Gott der Einbalsamierung, bereitet eine Mumie vor. Die Ägypter brachten Schakale mit dem Tod in Zusammenhang, weil sie nachts um die Friedhöfe schlichen und nach Leichen suchten.

Eine Mumie ist ein konservierter Körper. Mumien sind so untrennbar mit dem alten Ägypten verbunden, dass sie fast ein Symbol dafür geworden sind. Archäologen haben im Wüstensand Körper entdeckt, die mehr als 6000 Jahre alt sind. Die Sonne hat sie ausgetrocknet und damit auf natürliche Weise mumifiziert. Vielleicht haben die Ägypter damals auch solche Mumien gefunden und begriffen, dass Austrocknung den Leichnam vor dem Verwesen bewahrt. Daraufhin haben sie dann selbst mit der künstlichen Mumifizierung begonnen. Die erste, mit harzgetränkten Leinenbinden umwickelte Mumie stammt aus der Zeit der I. Dynastie.

Die Einbalsamierungstechniken wurden im Mittleren Reich deutlich verbessert. Damals ging man dazu über, das Gehirn und andere innere Organe zu entfernen, um den Verwesungsprozess noch mehr zu verlangsamen. Doch erst im Neuen Reich erreichte die Kunst der Mumifizierung ihren Höhepunkt. Dieser Vorgang war äußerst kompliziert. Als Erstes bedeckten die Einbalsamierer den Körper 40 Tage lang mit einem speziellen Salz namens Natron.

TOTENDIENER
Reichen Ägyptern wurden kleine Figuren aus Holz oder Ton mit ins Grab gegeben. Das waren die so genannten Uschebtis („Anworter"). Man glaubte, sie würden nach dem Versiegeln des Grabes lebendig, um den Toten im Jenseits zu dienen.

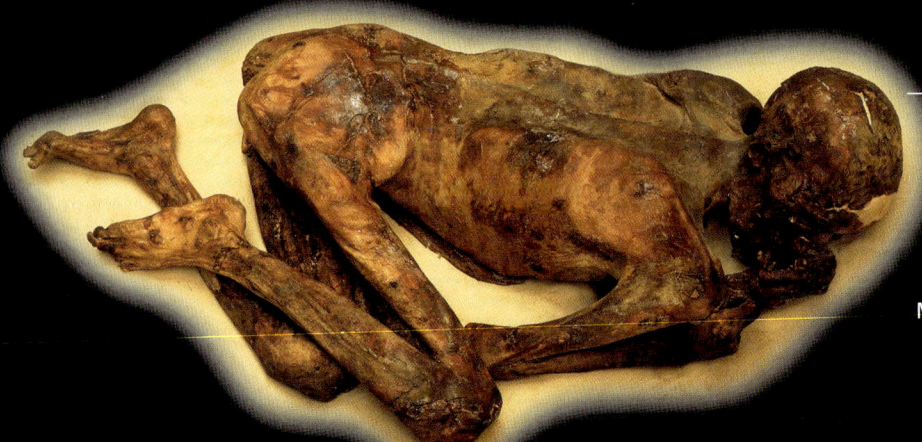

SANDMUMIEN
Bevor die Ägypter ihre Toten mumifizierten, bestatteten sie sie in Sandgruben. Der Sand bewahrte den Körper vor der Verwesung. Der Leichnam dieses 5000 Jahre alten Mannes ist noch heute gut erhalten.

Anschließend rieben sie ihn mit Harzen und duftenden Ölen ein. Erst dann begann man, den Körper sorgfältig mit Leinenbinden zu umwickeln. Einbalsamierer war ein ehrbarer Beruf, der innerhalb einer Familie von Generation zu Generation weitergegeben wurde.

SCHUTZ IM JENSEITS
Zwischen den Leinenbinden der Mumie verteilte man zahlreiche magische Amulette. Diese Glücksbringer sollten die Toten auf ihrer Reise ins Jenseits beschützen.

Die Ägypter mumifizierten ihre Toten, weil sie glaubten, dass die beiden Seelen eines Verstorbenen, seine Körperseele *ka* und seine Geistseele *ba*, nach dem Tod wieder in den Körper zurückkehren müssen. Eine besondere Zeremonie bei der Beerdigung war das „Ritual der Mundöffnung". Dadurch sollte bewirkt werden, dass der Verstorbene in seinem neuen Leben essen, trinken und sich bewegen konnte. Dahinter steht der Glaube, dass die Toten im Jenseits weiterleben.

Das Grab galt als irdische Heimstatt des Körpers und wurde mit allem ausgestattet, was man zum täglichen Leben braucht – von Kleidung und Kosmetik über Fächer und Perücken bis hin zu Lebensmitteln wie Fisch, Käse, Beeren und Wein.

ZURÜCK INS LEBEN
Während des Rituals der Mundöffnung klagen die Trauernden, Priester verbrennen Weihrauch. Anubis hält die Mumie aufrecht.

SONNENSEGEL
Diese Szene stammt aus einer astronomischen Deckenmalerei im Grab von Ramses VI. Der Sonnengott Re segelt mit seiner Barke über den Himmel.

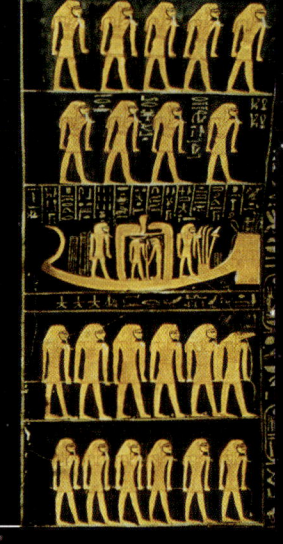

Dieser Totenkult war auch der Grund, warum die Königsgräber mit ihren labyrinthartigen Gängen und Hallen, Tempeln und Kammern so riesig ausfielen. Sie waren für die Ewigkeit gedacht – hier sollte der tote König seine Rituale auch weiterhin zu Ehren der Götter ausführen können. In manchen Königsgräbern war sogar eine Toilette vorhanden.

AUSRICHTUNG DES TEMPELS
Sobald die Priester die genaue Ausrichtung des Tempels an die Himmelskörper ermittelt hatten, vergruben sie rituelle Werkzeuge und Amulette an den vier Ecken der Baustelle.

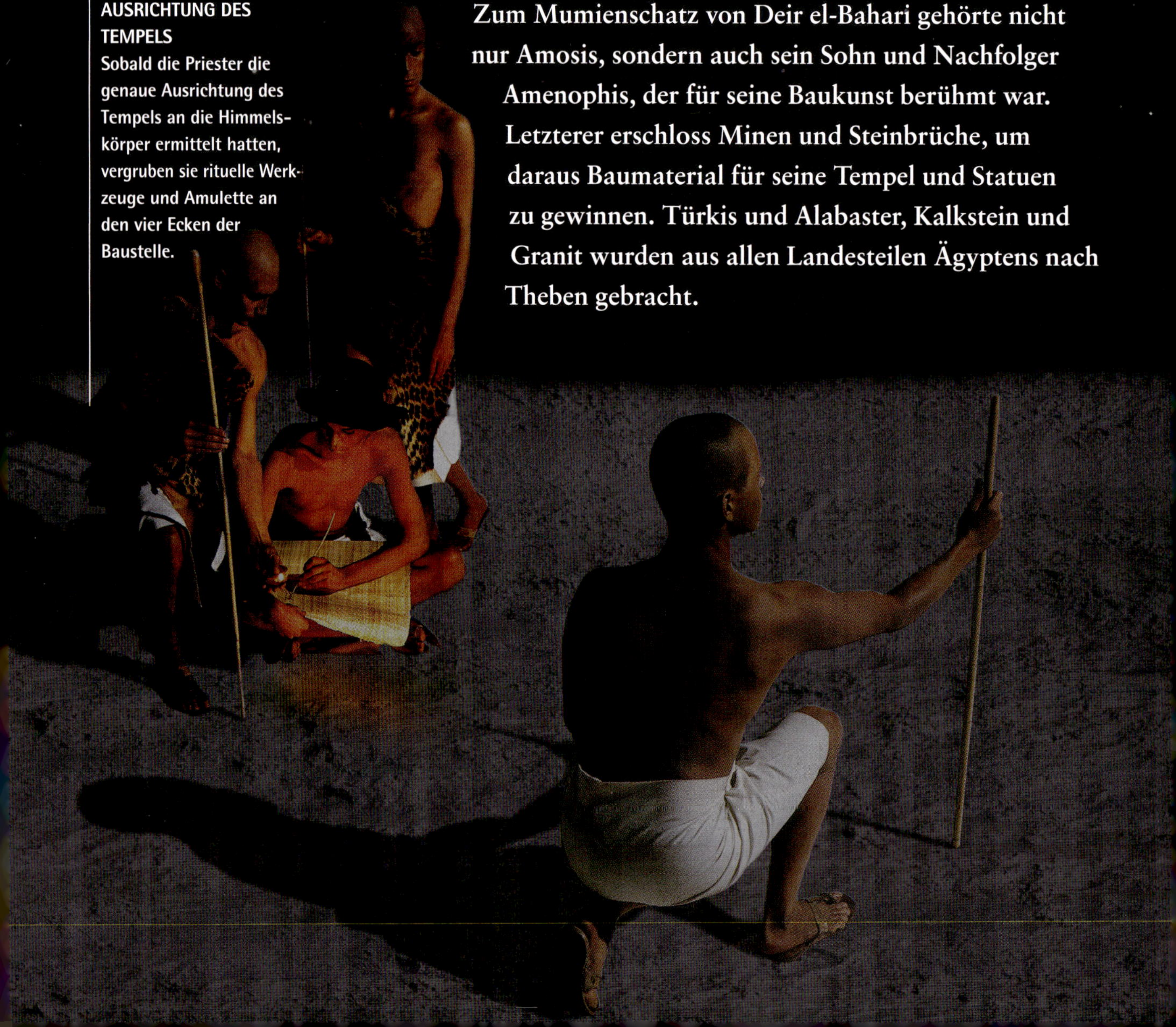

Zum Mumienschatz von Deir el-Bahari gehörte nicht nur Amosis, sondern auch sein Sohn und Nachfolger Amenophis, der für seine Baukunst berühmt war. Letzterer erschloss Minen und Steinbrüche, um daraus Baumaterial für seine Tempel und Statuen zu gewinnen. Türkis und Alabaster, Kalkstein und Granit wurden aus allen Landesteilen Ägyptens nach Theben gebracht.

Vielleicht wurden einige der Tempel von Amenophis auch für die Himmelsbeobachtung genutzt. Die Ägypter glaubten, der Lauf der Sterne und anderer Himmelskörper sei von den Göttern bestimmt. Die meisten Priester waren gleichzeitig Mathematiker und Astronomen und legten detaillierte Himmelskarten an. Viele große

STERNENTOR
In einem Sternbild erkannten die Ägypter die Umrisse dieser Tiere. Sie waren auf den Sarg von Sethis I. gemalt.

Bauwerke Ägyptens sind nach Himmelskörpern ausgerichtet. Eine Grabkammer im Tal der Könige ist mit Sternbildern ausgeschmückt, die Götter und Fabelwesen zeigen. Die ägyptischen Sternbilder sahen anders aus als unsere: Eines davon zeigt ein weibliches Nilpferd mit einem Krokodil auf dem Rücken. Es gab viele solcher Deckengemälde, die den Kosmos feiern. Die Priester Ägyptens entdeckten auch die Umlaufbahnen der fünf Planeten, die der Erde am nächsten sind (Merkur, Venus, Mars, Jupiter und Saturn) und führten ihre Bewegung auf die magischen Kräfte des Universums zurück.

Amenophis machte sich besonders um den Bau des Hauptheiligtums in Karnak vor den Toren Thebens verdient. Noch heute gilt Karnak als Weltwunder. Die Arbeiten an der riesigen Tempelanlage mit ihren zahlreichen Prozessionsstraßen und Bauwerken zogen sich über mehrere Generationen und Dynastien hin. Auf der Höhe ihrer Macht soll die Tempelstadt mehr als 80 000 Menschen beherbergt haben.

Eine von riesigen Sphinxen gesäumte Allee führte vom Nilufer zum ersten *Pylon* (griechisch „Tor"), der mit großen Holztüren versehen war. Diese Allee muss die prächtigste Straße der damaligen Welt gewesen sein. Hinter dem ersten Pylon lag ein Vorhof mit Schreinen und zwei Säulenreihen, die auf riesige Statuen zuführten. Hinter einem zweiten Pylon befand sich ein Saal mit 134 Säulen. Sie waren Papyrusbündeln nachempfunden und mit Inschriften bedeckt.

Zur Tempelanlage von Karnak gehörten Obelisken und Opferräume, Sphinxen sowie gigantische Statuen von Pharaonen, Priestern und Göttern. Dieses steinerne Labyrinth war eine heilige, von dicken Mauern umgebene Stadt, die für die Ewigkeit gebaut worden war. Noch heute erinnern ihre Ruinen an die Hoffnungen und Träume einer längst vergangenen Zeit.

Amenophis I. regierte 21 Jahre lang (1525-1504 v. Chr.). In dieser Zeit wurde Ägypten immer stabiler und wohlhabender. Theben mit

WACHSENDER TEMPEL
Noch immer bewachen Steinpylonen die Eingänge des weitläufigen Bezirks von Karnak. Seit den bescheidenen Anfängen in der XI. Dynastie hat jeder Pharao seine Spuren an Ägyptens größtem Tempel hinterlassen wollen und irgendetwas hinzugefügt. Im Herzen der riesigen Anlage stand der Alabasterschrein, der die Kultstatue des Gottes Amun-Re beherbergte.

Karnak: Tempel des Amun

Ägyptische Tempel waren keine Treffpunkte für Gläubige wie die Kirchen oder Moscheen, die wir heute kennen. Sie dienten als irdische Wohnstätte der Götter. Der Tempel eines Hauptgottes, wie der des Amun in Karnak (*unten*), entwickelte sich mit der Zeit zu einem gewaltigen Gebäudekomplex aus Schulen, Bibliotheken und Werkstätten. Normale Menschen durften nur die äußeren Höfe betreten, zum Tempelinnern hatten nur die Priester Zugang. Dreimal täglich betraten sie den dunklen Raum, in dem der Gott lebte, wuschen ihn und brachten ihm Opfergaben dar.

Dieses Modell zeigt die Tempelanlage um etwa 1000 v.Chr. An den Eingängen wehten Fahnen und die Außenmauern waren bunt bemalt.

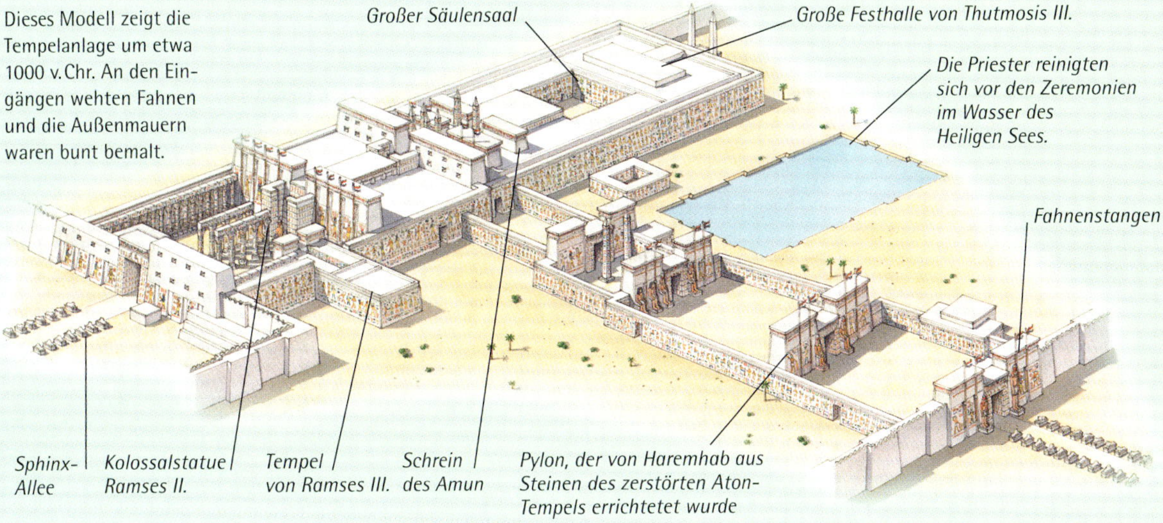

Großer Säulensaal

Große Festhalle von Thutmosis III.

Die Priester reinigten sich vor den Zeremonien im Wasser des Heiligen Sees.

Fahnenstangen

Sphinx-Allee

Kolossalstatue Ramses II.

Tempel von Ramses III.

Schrein des Amun

Pylon, der von Haremhab aus Steinen des zerstörten Aton-Tempels errichtetet wurde

seinem Hauptheiligtum Karnak entwickelte sich zum Machtzentrum Ägyptens. Hier wurden die Voraussetzungen für die Ausdehnung der Grenzen unter den späteren Pharaonen der XVIII. Dynastie geschaffen. Das Zeitalter der ägyptischen Eroberungen hatte begonnen. Amenophis wurde noch Jahrhunderte nach seinem Tod für seine Verdienste verehrt, besonders in und um Theben. Es gab Festspiele zu seinen Ehren, sogar ein Monat wurde nach ihm

benannt. Auch in Deir el-Medina, einem kleinen Dorf in der Nähe des Tals der Könige, haben Archäologen eine ihm geweihte Statue gefunden.

Deir el-Medina ist noch aus anderen Gründen interessant, denn das Dorf vermittelt uns einen genauen Einblick in den damaligen Alltag der Ägypter.

DORFGEHEIMNISSE
Die Arbeiter im Dorf von Deir el-Medina wurden nachts eingeschlossen, damit sie nichts über die Gräber verraten konnten.

ALLTAG
Die dicht an dicht gebauten Lehmziegelhäuser der Arbeiter bildeten ein richtiges Labyrinth. Während die Männer auf den Feldern oder in den Steinbrüchen arbeiteten, buken die Frauen zu Hause Brot und brauten Bier.

Dort lebten die Bauarbeiter der Gräber im Tal der Könige mit ihren Familien. 3500 Jahre lang war das Dorf unter dem Wüstensand verborgen, bis es Archäologen fast unversehrt wieder ausgruben.

Deir el-Medina besaß eine Hauptstraße mit mehreren Seitenstraßen. Es bestand aus etwa 70 baugleichen Häusern, die aussahen wie kleine Schuhkartons. Diese Unterkünfte besaßen eine Eingangshalle, einen Wohn- und Schlafbereich und nach hinten hinaus eine Küche. Eine Leiter führte auf das Flachdach, das im sonnigen Ägypten ebenfalls zu Wohnzwecken genutzt wurde. Höhere Beamte wohnten natürlich in wesentlich größeren Häusern.

Die meisten ägyptischen Häuser waren eher einfach eingerichtet. Auf dem Boden lagen Schilfmatten, die auch als Matratzen dienten. Die weiß getünchten Wände wurden mit bemalten Leinenstoffen geschmückt. Es gab Sessel, Betten und kleine Tische. Die Betten waren leicht erhöht, um die Schlafenden vor gefährlichen Spinnen und Skorpionen zu schützen. Kleine Statuen, die Götter oder verstorbene Familienmitglieder zeigten, standen in Nischen. Einige Häuser besaßen sogar „Mumienschränke". Darin befanden sich aufrecht stehende Mumiensärge, die mit dem Gesicht des Toten bemalt waren. Heute kommt uns das komisch vor, es zeigt aber, wie sehr die Ägypter die Toten in ihr Leben miteinbezogen.

Auch die dort gefundenen Wandmalereien, Grabbeigaben und Papyrusrollen verraten uns etwas über den damaligen Alltag der Ägypter. Eine Wandmalerei zeigt Tischler bei der Arbeit. Sie sägen Bretter und schleifen Holz. Die Hieroglyphen über ihren Köpfen geben eine typische Unterhaltung wieder: „Gib mir ein anderes Sägeblatt, das ist zu heiß geworden!" Man fand

DER FRÖHLICHE BES
Bes war ein Hausgott, der die Kinder beschützte. Dieser lachende Zwerg wurden oft auf Betten gemalt, um böse Geister fern zu halten.

TISCHLERWERKSTATT
Dieses fein gearbeitete Modell zeigt Tischler bei der Arbeit. In der weißen Kiste liegen sogar Ersatzwerkzeuge.

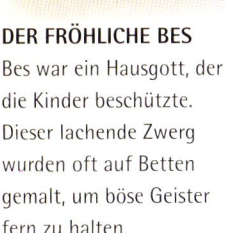

FELDARBEIT

Diese Grabmalerei zeigt Männer bei der Feldarbeit. Sie ernten Getreide und werfen es in die Luft. Der Wind trägt die Spreu davon, nur das Korn fällt zu Boden. Um ihre Haare zu schützen, tragen sie Kopftücher.

WER SPIELT MIT?

Bei Senet, einem damals sehr beliebten Spiel, zog man mit seinen Figuren über eine Art Damebrett. Wer es schaffte, das Königreich des Osiris zu erreichen, gewann.

auch Abbildungen mit Metall- und Lederarbeitern, Geschäftsmännern und Händlern, die ihre Waren auf dem Markt verkaufen. Archäologen haben zahlreiche Werkzeuge im Wüstensand gefunden – von Lehmziegelformen bis hin zu medizinischen Geräten.

Ägyptische Arbeiter mussten acht Stunden am Tag schuften. Alle zehn Tage hatten sie einen Tag frei. Wer krank war und nicht zur Arbeit kommen konnte, musste Überstunden machen, um die verlorene Zeit wieder aufzuholen. In den Gräbern findet man zahlreiche Wandmalereien, die das Leben der Bauern zeigen. Man sieht Menschen, die Ochsen oder Schafe hüten, Korn aussäen oder die Ernte einbringen. Andere pflücken Trauben und stampfen sie dann in riesigen Fässern, um Wein daraus zu machen. Landarbeiter schleppen Wasserkrüge, um ihre Gemüsegärten und Obstbäume zu bewässern.

Ägyptische Bauern hielten Schweine, Kühe, Ziegen und Schafe. Esel, nicht Kamele (die damals noch unbekannt

waren) schleppten die Lasten. Geflügelzüch-
ter zogen Gänse und Enten, Schwäne und
Tauben auf. Reger Handel wurde mit Honig
getrieben. Die gesamte Landwirtschaft wurde
von königlichen Beamten überwacht. Sie ent-
schieden, was wie oft angebaut wurde und
trieben den Anteil des Pharaos ein.

Doch die Grabmalereien zeigen nicht nur das
Arbeitsleben. Man sieht Ringer, Tänzer,
Akrobaten und Menschen, die Senet spielen.
Dieses Brettspiel, bei dem man versuchen
muss, das Königreich des Osiris zu erreichen,
war damals sehr beliebt. Andere Abbildungen
zeigen Ägypter bei der Nilpferdjagd oder
beim Speerfischen. Dabei konnten sie auch
ihr sportliches Geschick unter Beweis
stellen.

Fisch stand oft auf dem Speisezettel der
Ägypter. Er wurde mit Brot gegessen,
dass in Formen gebacken
wurde.

Kaufen und Verkaufen

Im alten Ägypten sah die Handelswelt völlig anders aus
als heute. Da es noch kein Geld gab, trieben die Menschen Tauschhandel. Sandalen konnte man gegen
Getreide und Parfümöle gegen Töpferwaren eintauschen.
Produzierte ein Bauer oder Arbeiter mehr Waren, als er
selbst verbrauchte, gehörte der Überschuss theoretisch
dem Pharao.

4 Säcke Gerste — 1½ Säcke Weizen = 1 Monatsgehalt

¼ Deben — 7 Deben

Wechselkurs
Arbeiter wurden mit Getreide oder anderen Grundnah-
rungsmitteln wie Fleisch und Bier bezahlt. Die Gegen-
leistung für einen Monat Arbeit bestand aus vier Säcken
Gerste und eineinhalb Säcken Emmer, einer Weizenart.
Die Warenpreise wurden mithilfe eines Maßes ausgerech-
net, dem so genannten „Deben". Ein Schwein war zum
Beispiel 7 Deben wert. Die Getreidemenge, die ein
Arbeiter im Monat erhielt, entsprach ebenfalls 7 Deben.
Ein Schwein kostete also ein Monatsgehalt.

VIEHZÄHLUNG
Dieses Modell stammt aus dem Grab von Meketre,
einem reichen Viehbesitzer. Seine Kühe und
Ochsen werden gerade an einer
Gruppe Beamter vorbei-
getrieben, die nach der
Zählung die Steuern
berechnen. Meketre steht in
der Mitte unter dem Dach.

Dieses Brot war so dick wie Kuchen. Leider enthielt es oft Sandkörner, die beim Mahlen ins Mehl gelangt waren. Aus diesem Grund hatten viele Ägypter stark abgenutzte Zähne. Gemüse wie Bohnen und Zwiebeln kam ebenfalls häufig auf den Tisch, dazu gab es Ziegen- oder Schweinefleisch. Wein und Rindfleisch konnten sich nur die Reichen leisten, aber Bier wurde von Erwachsenen und Kindern aus allen Bevölkerungsschichten getrunken. Es war ebenso dickflüssig wie nahrhaft und enthielt nur wenig Alkohol.

Aus heutiger Sicht ernährten sich die Ägypter ziemlich gesund – von dem sandigen Brot einmal abgesehen. Doch Röntgenaufnahmen, die man von Mumien gemacht hat, zeigen, dass viele Menschen an Arthritis oder Rückenproblemen litten. Die harte Arbeit und das Tragen schwerer Lasten war nicht folgenlos geblieben. Hin und wieder war auch das Nilwasser mit Würmern oder anderen Krankheitserregern verseucht. Manche Menschen litten an Augeninfektionen oder grauem Star. Die ägyptischen Ärzte verschrieben zahlreiche Heilpflanzen, empfahlen aber auch Gebete zu den Göttern.

Die Ägypter waren sehr reinlich. Die meisten badeten im Nil, nur die Oberschicht besaß Badezimmer. Sie benutzten reichlich Seife und Pillen gegen Mund-

ZU TISCH!

Im alten Ägypten aß man mit den Fingern. Fleisch wurde mit Kräutern und Gewürzen verfeinert, Gemüse wurde zu Brei verarbeitet oder gebraten und mit mehreren Sorten Bier heruntergespült.

SCHÖN HERAUSGEPUTZT

Wohlhabende Ägypter legten sehr viel Wert auf ihr Äußeres. Männer und Frauen trugen Perücken über ihren kurz geschnittenen Haaren. Frauen befestigten außerdem Duftkegel auf ihren Köpfen. Schminke, Schmuck und feine Leinenstoffe machten das Erscheinungsbild perfekt.

SEITENLOCKE
Dieser junge Prinz trägt
eine kostbare goldene
Spange in seiner Seiten-
locke. Sie war wie ein S
geformt – die Hieroglyphe
für „Jugend".

geruch. Außerdem rieben
sie ihren Körper mit Parfümölen ein.
Sie müssen ein sehr wohlriechendes
Volk gewesen sein.

Reiche Ägypter trugen Perücken und
schminkten sich – Männer genauso wie
Frauen. Aus zerriebenen und mit Tierfett
vermischten Mineralien wurde Augenschminke hergestellt. Die Menschen
legten Rouge auf und malten sich die Lippen rot. Die Wohl-
habenden liebten den Glanz von Gold und Edelsteinen und
schmückten sich mit Ketten und Armreifen.

KOSMETIK
Grüne Augenschminke
galt als Symbol der
Fruchtbarkeit und wurde
aus Malachit, einem Kup-
fermineral, hergestellt. Aus
Bleiglanz machte man
schwarzen Kajal. Der Spiegel ist aus polierter Bronze.

Zum Alltag der Ägypter gehörten zahlreiche religiöse Rituale.
Jungen zum Beispiel trugen rechts am Kopf eine lange Haar-
strähne, die so genannte „Jugendlocke". Der übrige Kopf war
völlig kahl geschoren. Beim Eintritt ins Erwachsenenleben
wurde die Seitenlocke in einer feierlichen Zeremonie
abgeschnitten. Die Menschen opferten ihren Haus-
göttern täglich Essen und Trinken und schrieben Briefe
an ihre verstorbenen Ahnen.

ALLTAGSGÖTTER
Für jedes Problem gab es
einen anderen Gott. Die Nil-
pferdgöttin Opet war zum
Beispiel für Schwangerschaft
und Geburt
zuständig.

Die Ägypter waren ein sehr gläubiges Volk, das seine
Ahnen und Götter sehr verehrte. Kein Wunder, dass
beinahe jeder Bereich ihres Alltags von religiösen Zeremonien begleitet wurde.

TIEROPFER
Die Ägypter opferten häufig
Tiermumien. Archäologen
haben riesige Friedhöfe mit
mumifizierten Katzen, Ibissen
und Pavianen gefunden.

KAPITEL SECHS

Eroberung
und Ruhm

*Eine Inschrift des Pharaos Thutmosis I. besagt:
„Ich habe die Grenzen Ägyptens so weit ausgedehnt,
wie die Sonne über den Himmel läuft. Ich habe es
über alle anderen Länder erhoben." Unter seiner
kurzen Regierung sollte sich die Landkarte Ägyptens
auf Jahrhunderte hinaus verändern.*

PHARAONEN GABEN IN DER TAT gerne mit ihren
Heldentaten an. Thutmosis I. führte Ägypten in
seiner sechsjährigen Amtszeit zu Macht und Ruhm.
Er zog mit seiner Armee gegen Palästina und Syrien in den
Krieg und brachte auch das im
Süden gelegene Nubien unter seine
Herrschaft. Dabei fuhr er weiter den
Nil hinunter als jeder andere Pharao
vor ihm. Bei seiner Rückkehr zierte
der Leichnam eines besiegten nubischen Führers den Bug seines Schif-
fes. Der siegreiche Pharao ließ überall im Land Bauwerke
errichten und Inschriften anbringen. Auch der Tempelanlage in Karnak fügte er neue Tore und Höfe hinzu.

Sein Nachfolger Thutmosis II. regierte 14 Jahre.
Allerdings scheint er oft krank gewesen zu sein. Seine Frau
und Halbschwester Hatschepsut dagegen, die Tochter

◀ Das Relief zeigt Königin Hatschepsuts Expedition nach Punt.

... von Thutmosis I., gehört zu den herausragendsten Persönlichkeiten der XVIII. Dynastie. Als ihr Mann um 1479 v. Chr. starb, übernahm sie für ihren Stiefsohn Thutmosis III. die Regentschaft. Mehr als 20 Jahre lang sollte sie als Pharaonin über Ägypten herrschen.

Hatschepsut nahm gewaltige Bauvorhaben in Angriff. In Karnak ließ sie sich einen eigenen Palast und zwei große Obelisken aus rotem Granit errichten. Der Stein musste auf Flößen den Nil heraufgebracht werden. Außerdem erbaute sie eine gewaltige Grabstätte im Tal der Könige. Der mächtige Tempel in Deir el-Bahari steht neben dem 500 Jahre älteren Grabmal Mentuhoteps und wurde terrassenartig in den Felsen gehauen. Vor dem Eingang ihres Tempels, der auch der „Erhabenste der Erhabenen" genannt wird, steht eine lange Säulenreihe. Darüber waren Kolossalstatuen des Osiris aufgereiht. Im Innern des Tempels erinnern Reliefs und Inschriften an die Ereignisse und Höhepunkte ihrer Regierung.

Hatschepsut war die mächtigste Frau der Welt, und einer ihrer Titel lautete „Erste der vornehmen Frauen". Auf einigen Abbildungen trägt sie sogar den falschen Königsbart, auf anderen wird sie als Sphinx mit Löwenmähne dargestellt. Sie erhielt Reichtümer und

WEIBLICHER KÖNIG
Hatschepsut rechtfertigte ihre Herrschaft in Inschriften und behauptete, der Gott Amun habe ihre Mutter geschwängert. Sie sei also göttlicher Abstammung.

GENIALER TEMPELBAU
Der geniale Architekt Senenmut entwarf Hatschepsuts Tempel. Die terrassenartige, säulengeschmückte Anlage ist in der ägyptischen Architektur einzigartig.

Tributzahlungen aus allen Teilen des Landes. Gold und Edelsteine, aber auch kostbare Hölzer türmten sich in ihren Schatzkammern. Ein Bild zeigt ganze Weihrauchbäumchen, die in Körben aus dem südlichen Königreich Punt angeliefert und vor ihrem Tempel eingepflanzt wurden.

Doch Hatschepsuts herrschte nur so lange, bis Thutmosis III. alt genug war, selbst den Thron zu besteigen. Wahrscheinlich versuchte sie, ihn ihr Leben lang zu kontrollieren. Doch irgendwann wollte der junge Pharao ohne die Vorgaben seiner Stiefmutter regieren. Es gibt sogar Gerüchte, dass er sie ermorden ließ. Auch wenn er nicht selbst für ihren Tod verantwortlich war, ließ er viele Spuren ihrer Herrschaft beseitigen. Auf zahlreichen Inschriften ließ er ihren Namen durch seinen eigenen ersetzen. Auf diese Weise wollte er wohl den Eindruck erwecken, er habe direkt nach seinem Vater regiert.

Nachdem Thutmosis III. jahrelang im Schatten seiner Stiefmutter gestanden hatte, verlor er keine

HANDELSEXPEDITION
Eine Szene auf einer Säule in Hatschepsuts Tempel erzählt von der berühmten Expedition nach Punt. Hier wird die Handelsdelegation von Eti, der unglaublich dicken Königin von Punt, und ihrem ältlichen, spindeldürren Ehemann empfangen. Vielleicht handelt es sich dabei sogar um eine Karikatur der beiden.

TALBLICK
Die fantastische Lage von Hatschepsuts Tempel in den thebanischen Bergen sieht man am besten aus der Luft. Direkt hinter der Felswand liegt das Tal der Könige.

Zeit, um seinen eigenen Ruhm als großer Pharao zu begründen. Das fiel ihm nicht weiter schwer, denn er besaß alle Qualitäten eines großen Staatsmannes. Er zeichnete sich in der Verwaltung aus, förderte die Künste und war ein ausgezeichneter Reiter und Athlet. Auf zahlreichen Feldzügen in Palästina und Syrien eroberte er 350 Städte.

Außerdem hatte er die großartige Idee, die gefangenen Söhne ausländischer Herrscher zur Erziehung nach Ägypten zu bringen. Nach der Rückkehr in ihr eigenes Land betrachteten sie Ägypten nicht mehr als Feind und halfen, die ägyptische Kultur weiter zu verbreiten. Thutmosis heiratete mehrere syrische Prinzessinnen und verstärkte auf diese Weise seinen Machtbereich.

Thutmosis III. war ein Nationalheld. Seine 54-jährige Regierungszeit war von großer Bedeutung für die ägyptische Geschichte. Noch 1000 Jahre nach seinem Tod, in den letzten Tagen der altägyptischen Zivilisation, sprach man mit großer Ehrfurcht von ihm. Außer für seine militärischen Siege ist er vor allem für seine

GLÄNZENDER KÖNIG
Dieses Fragment zeigt Thutmosis III. im Glanz der Atef-Federkrone. Ägyptische Pharaonen besaßen bis zu 100 Kronen für verschiedenste Anlässe.

Die Schlacht von Megiddo

In seinen ersten Regierungsjahren musste Thutmosis III. mit einem Aufstand der Prinzen von Kadesch und Megiddo fertig werden, die ihm die Tributzahlungen verweigerten. Unerschrocken zog Thutmosis mit seiner Armee nach Megiddo, eine Stadt im Norden Palästinas. Drei Wege führten in die Stadt: zwei bequeme Straßen und ein Gebirgspfad über den Aruna-Pass. Zur großen Überraschung seiner Feinde nahm Thutmosis den Weg durchs Gebirge und vertraute auf die Hilfe des Gottes Amun-Re. Die List gelang. Plötzlich tauchte er zwischen den nördlichen und südlichen Streitkräften seiner Feinde auf und zwang sie zur Schlacht. Viele Gegner flohen in die Stadt, die sich schließlich nach einer siebenmonatigen Belagerung ergab.

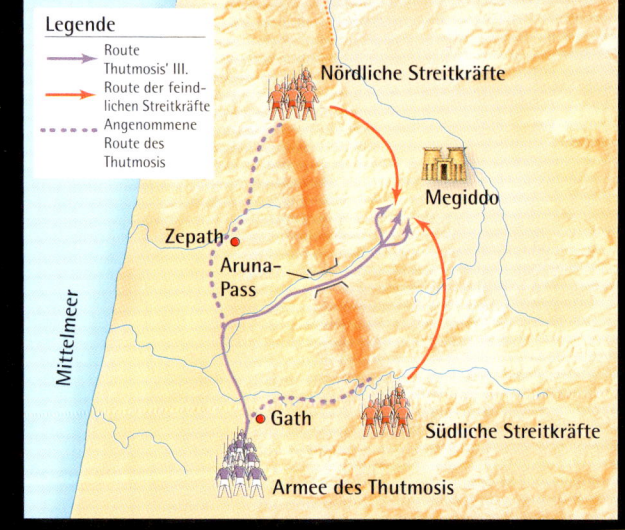

Legende
Route Thutmosis' III.
Route der feindlichen Streitkräfte
Angenommene Route des Thutmosis

Nördliche Streitkräfte

Megiddo

Zepath
Aruna-Pass

Mittelmeer

Gath

Südliche Streitkräfte

Armee des Thutmosis

Bauwerke berühmt. Szenen aus seinen Schlachten ließ er in Karnak in Stein meißeln. Außerdem gab er dort zwei riesige neue Tore in Auftrag, auf denen die Namen der eroberten Städte standen. Seinen Lieblingsgott Amun ehrte er mit vielen Tempelbauten.

Als Thutmosis III. um 1425 v. Chr. starb, wurde sein Sohn und Nachfolger Amenophis II. sofort auf eine harte Probe gestellt: Kaum, dass die von seinem Vater unterworfenen Städte in Palästina und Syrien vom Tod des Pharaos erfahren hatten, erhoben sie sich gegen Ägypten. Doch Amenophis gelang es, den Aufstand rasch niederzuschlagen. Er kehrte mit sieben gefangenen Prinzen zurück, die er Amun opferte. Das Ritual sah vor, dass er ihnen mit seiner Keule den Schädel zertrümmerte.

Amenophis II. war nicht weniger sportlich als sein Vater. Er konnte ein Boot mit einem neun Meter langen Ruder fortbewegen, was eine beachtliche Kraft-

SIEGREICHER PHARAO
Das Relief hinter der Statue von Thutmosis III. rühmt seine Siege.

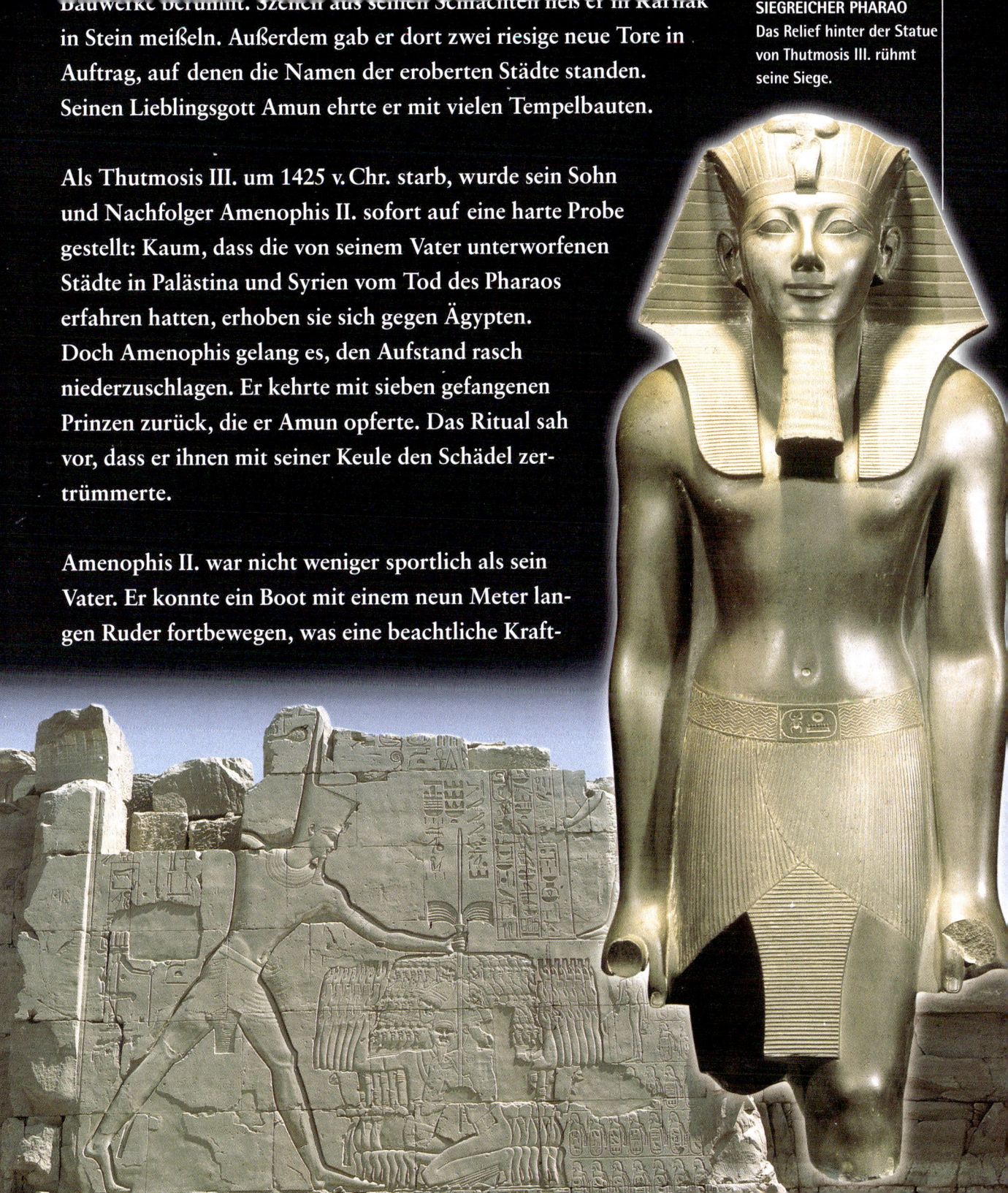

anstrengung bedeutete. Es gibt auch Darstellungen, die ihn als Bogenschützen in einem dahinrasenden Streitwagen zeigen. Sein langer Bogen wurde mit ihm begraben, später allerdings leider geraubt.

Amenophis II. hatte mit mehreren königlichen Gemahlinnen mindestens zehn Söhne, die sich nach seinem Tod um die Thronfolge stritten. Thutmosis IV., der bereits Mitregent seines Vaters gewesen war und wahrscheinlich von den Palastpriestern unterstützt wurde, ging als Sieger hervor. Mit einer Legende stützte er seinen Herrschaftsanspruch: Eines Tages sei er im Schatten der Sphinx eingeschlafen. Im Traum sei ihm der Sonnengott Re erschienen und habe durch den steinernen Mund der Sphinx zu ihm gesprochen. Der Gott stellte ihm den Königsthron in Aussicht, wenn er die Sphinx von der drückenden Last des Sandes befreite. Beide hielten Wort und Thutmosis gewann die Krone Ägyptens.

Thutmosis IV. war ein äußerst starker Herrscher. Er straffte die Verwaltung und hielt die Grenzbefestigungen in Ordnung. Im ganzen Land ließ er Bauwerke mit Inschriften errichten, die sein Königtum und seine Göttlichkeit rühmten.

Sein Sohn, Amenophis III., war noch ein Kind, als er den Pharaonenthron bestieg.

SONNENANBETER

Die Sonne wurde im Neuen Reich in vielerlei Hinsicht verehrt. So wie Amun mit dem Sonnengott Re zu Amun-Re vereint wurde, führte man auch einen anderen Hauptgott, Horus, mit Re zu Re-Harachte zusammen. Dieser Falkengott trägt eine Sonnenscheibe auf dem Kopf.

IM SAND BEGRABEN

Die meiste Zeit ihrer
4500 Jahre langen
Geschichte lag die Sphinx
unter Flugsand begraben.
Thutmosis IV. versuchte sie
um 1400 v. Chr. als erster
freizulegen. Nach einem
weiteren Vorstoß 1818
wurde sie schließlich
1925 weitgehend
ausgegraben.

RÄTSELHAFTE SPHINX

Hier sieht man, wie Thutmosis IV. heilige Öle
und Salben als Opfer darbringt. Seine Behauptung, er
sei von der Sphinx erwählt worden, sollte seinen
Thronanspruch zusätzlich untermauern.

KULTSTATUE
Diese beeindruckende Statue aus rotem Quarz zeigt Amenophis III. Sie wurde erst 1989 perfekt erhalten im Tempel von Luxor in Theben gefunden. Die sorgfältige Gestaltung und das idealisierte Gesicht des Königs legen nahe, dass es sich um eine Kultstatue handelt.

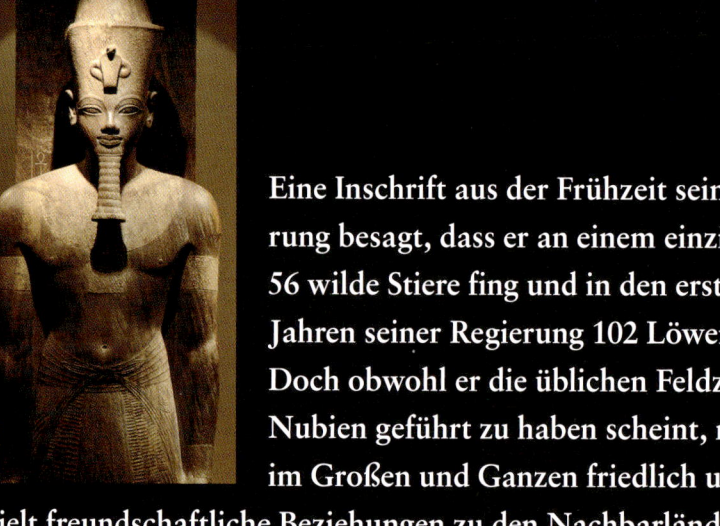

Eine Inschrift aus der Frühzeit seiner Regierung besagt, dass er an einem einzigen Tag 56 wilde Stiere fing und in den ersten zehn Jahren seiner Regierung 102 Löwen tötete. Doch obwohl er die üblichen Feldzüge in Nubien geführt zu haben scheint, regierte er im Großen und Ganzen friedlich und unterhielt freundschaftliche Beziehungen zu den Nachbarländern. Der König von Assyrien in Mesopotamien bat ihn in einem Brief um Gold für seinen neuen Palast. Und der König von Mitanni, einem anderen Reich im Mittleren Osten, gab ihm im Tausch gegen kostbare Geschenke seine Tochter zur Frau.

Während der 38-jährigen Regierungszeit von Amenophis III. kam es in Ägypten zu einem beispiellosen wirtschaftlichen Aufschwung. Durch Handel, nicht durch militärische Eroberungen, flossen Reichtümer ins Land. Kunst und Architektur erlebten eine neue Blüte. Ein weiteres Zeichen für den Wohlstand des Pharaos war seine rege Bautätigkeit. Ein präch-

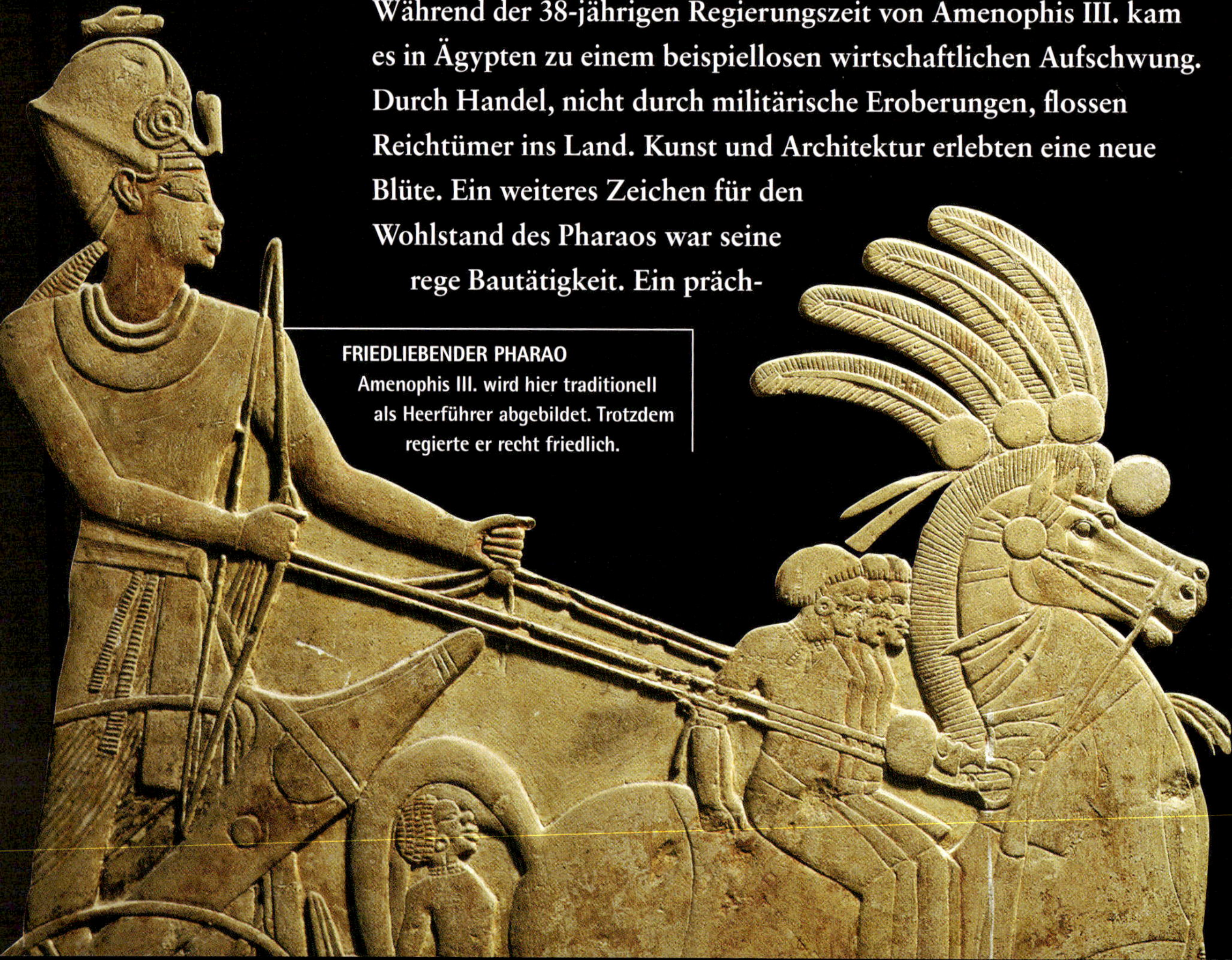

FRIEDLIEBENDER PHARAO
Amenophis III. wird hier traditionell als Heerführer abgebildet. Trotzdem regierte er recht friedlich.

tiger Palast entstand, das so genannte „Haus der Freude". Für seine Frau, die Königin Teje, ließ er einen Vergnügungssee anlegen, den das Pharaonenpaar mit einer Fahrt in der königliche Barke einweihte. König, Königin und der gesamte Hofstaat lebten in großem Luxus. Die Mumie des Pharaos lässt darauf schließen, dass er den weltlichen Genüssen nicht abgeneigt war. Er war dick, und seine schlechten Zähne müssen ihm ziemlich zu schaffen gemacht haben.

Amenophis III. baute Tempel in ganz Ägypten, darunter auch einen für Sobek, den Krokodilgott. Der wurde vor allem in der Stadt Krokodilopolis verehrt. Der Pharao erneuerte Teile von Karnak und schuf Kolossalstatuen von Tiergöttern, die in seinem Grabtempel aufgestellt wurden. Dem König gelang es, ein Gleichgewicht zwischen den verschiedenen Götterkulten zu wahren und den wachsenden Einfluss der Amun-Priester in Zaum zu halten. Doch schon bald tauchte ein neuer Kult auf, der den Gott Re in Gestalt der Sonnenscheibe „Aton" verehrte. Dieser Kult sollte bald weit reichenden Einfluss auf Ägypten haben.

Die vielleicht berühmtesten Bauwerke von Pharao Amenophis III. sind die Kolosse von Memnon, gigantische Statuen des sitzenden Pharaos, die vor dem Eingang

WOHNSTATT DER GÖTTER
Diese Abbildung zeigt, wie der Säulenhof von
Amenhotep III. vor dem Luxor-Tempel bei seiner
Vollendung 1355 v. Chr. ausgesehen haben muss.

seines Totentempels stehen. Jede ist fast 18 Meter hoch. Im Lauf der Zeit begann eine der Statuen in den Morgenstunden eine Art Seufzen von sich zu geben. Griechische Reisende glaubten, das sei König Memnon, der die Göttin der Morgenröte anrief, und so bekamen die Statuen ihren heutigen Namen. Der dahinter liegende Tempel besaß mehrere Höfe und enthielt 36 weitere Statuen des Pharaos. Um den ganzen Komplex zog sich eine über sieben Meter dicke Mauer.

KOLOSSE VON MEMNON
Das merkwürdige Geräusch, das eine der Statuen machte, wurde vermutlich durch die Temperaturschwankungen des Steins bei Sonnenaufgang und Sonnenuntergang verursacht. Der Tempel, den sie bewachten, existiert nicht mehr.

Ägyptische Statuen gehören zu den schönsten und vollkommensten Kunstwerken der Welt. Nicht alle besaßen so gewaltige Ausmaße wie die von Amenophis III., aber viele waren lebensgroß. Menschliche Statuen – egal, ob es sich um Götter, Pharaonen, Priester oder Adelige handelte – wurden immer in den gleichen Posen dargestellt, die noch aus der Zeit des Alten Reiches stammten. Sie blicken mit unbewegten Gesichtern starr geradeaus. Ihre Arme sind vor der Brust verschränkt oder hängen seitlich herab. Wenn sie nichts in der Hand halten, sind ihre Fäuste geballt. Stehende Statuen blicken ebenfalls geradeaus und machen mit dem linken Fuß einen Schritt nach vorn. Einige Statuen werden auch kniend in der Opferhaltung dargestellt, Schreiber sitzen im Schneidersitz und halten eine Papyrusrolle auf dem Schoß.

RAHOTEP UND NOFRET
Diese herrlichen Skulpturen zeigen ein Prinzenpaar des Alten Reiches und gehören zu den berühmtesten Statuen Ägyptens. Die Augen aus eingelegtem Quarz lassen sie sehr lebensecht wirken.

Es gab auch weniger offizielle Statuen, die meist Familienmitglieder wie Mutter und Sohn oder Ehepaare zeigen. Der Mann wird häufig sitzend dargestellt, während die Frau neben ihm steht. Manchmal legt sie in einer besitzergreifenden oder zärtlichen Geste den Arm um ihn oder beide halten sich an den Händen. Die Größenverhältnisse spiegeln die Bedeutung der Personen wider.

Ägyptische Statuen haben stets gelassene Gesichtszüge und scheinen an der Schwelle von der Jugend zum Erwachsenenalter zu stehen. Der Blick ist in die Ferne gerichtet, so als stünden sie über den Dingen. Erst in spätägyptischer Zeit gibt es individuellere Porträts, auch wenn sich unter Amenophis III. ein neuer, realistischerer Stil durchsetzte.

Die Malerei war ebenfalls stark stilisiert. Die Wandbilder in Tempeln und Gräbern stellen die Ereignisse chrono-

ARBEIT AM KOLOSS
Bildhauer errichteten ein Gerüst aus Stangen, Brettern und Seilen, um die großen Statuen zu bearbeiten.

KOPF VON AMENOPHIS III.
Bei Statuen wie dieser aus Granit schlugen Steinmetze zunächst die grobe Form heraus. Dann erledigten Bildhauer die Feinarbeit, bevor die Oberfläche mit flachen Steinen poliert wurde.

Göttliche Proportionen

Bevor sie mit ihrer Arbeit begannen, erstellten ägyptische Künstler zunächst ein Raster aus waagerechten und senkrechten Linien (*rechts*) und berechneten daraus die so genannten „göttlichen Proportionen". Für eine aufrecht stehende Figur wurden eine senkrechte Achse und sieben horizontale Linien gezogen, um die Proportionen der einzelnen Körperteile zu markieren. Erst dann wurde mit dem Skizzieren, Malen oder Meißeln begonnen.

Unvollendete Werke geben Aufschluss über die Methoden der Künstler.

logisch von oben nach unten dar. Die meisten ägyptischen Künstler bemühten sich nicht um eine perspektivische Darstellung, bei der die Objekte je nach ihrer Entfernung zum Betrachter verschieden groß abgebildet werden. Der Rumpf wird meist von vorn gezeigt, das Gesicht aber immer nur im Profil. Bei einer Szene, die im Freien stattfindet, steht ein Baum oft für einen ganzen Garten.

Manchmal wurden die Bilder direkt in die Wände geritzt und dann ausgemalt. Doch meist glättete man die Wand vorher und bedeckte sie mit Gips, um einen ebenmäßigen Untergrund zu erhalten. Die besten Künstler arbeiteten „Freihand", das heißt sie malten ohne Vorzeichnung direkt auf die Wand. Weniger talentierte Maler schmückten die dunkleren Ecken einer Grabkammer aus oder übernahmen unbedeutendere Aufträge.

Unter der Herrschaft von Amenophis III. erreichte Ägypten den Gipfel seiner Macht. Die Ernten waren üppig, und der Handel blühte. Wertvolle Metalle und Edelsteine flossen in die Staatskasse, und die ägyptische Kunst erlebte eine neue Blüte. Doch diese glückliche Welt sollte schon bald auf den Kopf gestellt werden. Das Schicksal wollte es, dass der Thronfolger Prinz Thutmosis starb. So kam es, dass sein jüngerer Bruder Pharao wurde. Er sollte sich als einer der umstrittensten Herrscher in der ägyptischen Geschichte erweisen.

Mahlstein für Pigmente

MALPALETTE
Künstler benutzten Steinpaletten wie diese, um farbige Pigmente anzumischen. Schwarz wurde aus Kohle gewonnen, Rot aus Ocker und Blau und Grün aus Mineralien.

BILDGESCHICHTE
Diese Szene zeigt die Geburt eines Kindes, das von der Hebamme weitergereicht wird. Die Abfolge der Bilder von links nach rechts erinnert an einen Comic.

KAPITEL SIEBEN

Die *religiöse* Revolution

Mit dem Tod von Amenophis III. begann einer der merkwürdigsten Abschnitte der ägyptischen Geschichte. Mit einem Schlag wischte sein Nachfolger die alten Götter beiseite, die das Land über 2000 Jahre beschützt hatten.

AN IHRER STELLE führte er eine neue Staatsreligion ein: den Aton-Kult. Der gleichnamige Gott wurde als Sonnenscheibe dargestellt, deren Strahlen in Händen enden. Der neue Pharao wurde als Amenophis IV. gekrönt. Bald darauf änderte er seinen Namen allerdings in Echnaton, was vermutlich „der, dem Aton wohlgefällig ist" bedeutet. Damit war der Pharao wieder der direkte Mittler zwischen den Menschen und Gott. Aton wurde in Ägypten zwar schon lange als Teil des Sonnenkults um Re verehrt, doch Echnaton erhob ihn erstaunlicherweise zum alleinigen Gott Ägyptens.

Aton stand für Leben und Energie. Er war der schöpferische Quell der Welt. Auf Echnatons Befehl hin wurden alle anderen Tempel geschlossen oder in Aton-Tempel umgewandelt. Die alten religiösen Feste wurden abge-

◀ Tutanchamun wird von seiner Gemahlin Anchesenamun gesalbt.

STRAHLENDER ATON
Auf diesem, für die Amarna-Kunst typischen, Relief sieht man, wie Echnaton ein Opfer darbringt. Die Strahlen Atons laufen in Händen aus. Eine davon hält das Lebenssymbol Ankh und berührt damit den Pharao.

schafft, die bisherigen Götter verboten und ihre Namen aus Inschriften getilgt. Manche Historiker glauben, dass Echnaton sich mit diesen radikalen Maßnahmen gegen die Priester des Amun wandte, die ihm zu reich und mächtig geworden waren. Beweise für diese Vermutung gibt es allerdings nicht. Andere glauben, dass Echnaton wahnsinnig und ein fanatischer Anhänger dieser Religion war.

Natürlich kann selbst der größte Pharao einen solchen Wandel nicht allein bewirken. Vielleicht besaß er die Unterstützung der Armee. Soweit wir wissen, sind ihm die meisten Untertanen zunächst gefolgt. In einer Gesellschaft, in der sich das ganze Leben um die Verehrung der Götter drehte, müssen die Menschen diese drastische Veränderung als Revolution empfunden haben.

Zu Ehren seines Gottes ließ Echnaton an einer Stelle, die ihm angeblich von Aton eingegeben worden war, eine neue Stadt errichten.

Er nannte sie Achetaton, „Horizont des Aton"
– vielleicht weil ihn die Form des Tals an dieser Stelle an die Hieroglyphe für „Horizont"
erinnerte. Das über zwölf Kilometer lange Achetaton säumte das östliche Nilufer. Heute heißt dieser
Ort Tell el-Amarna, oder einfach Amarna.

Achetaton besaß kein gitterartiges Straßennetz,
wie die meisten anderen Städte. Stattdessen
bestand es aus verschiedenen dorfartigen
Stadtvierteln. Es gab ein Viertel für die
Arbeiter, die an den Tempeln und Grab-
anlagen bauten, und ein Viertel für
die Handwerker. Vielleicht hat der
Pharao die Stadt mit ihren Tempeln, königlichen Palästen und
Vierteln sogar selbst geplant.

Der Große Aton-Tempel im
Zentrum der Stadt unterschied sich
grundlegend von früheren ägyptischen Tempeln.

DAS GESICHT EINES VISIONÄRS
Echnaton ließ sich in einem Stil darstellen, der sich stark
von den üblichen idealisierten Pharaonenbildnissen unter-
scheidet. Er hat schmale, schräg stehende Augen, eine lange,
schmale Nase, volle Lippen und ein übertrieben rundes Kinn.

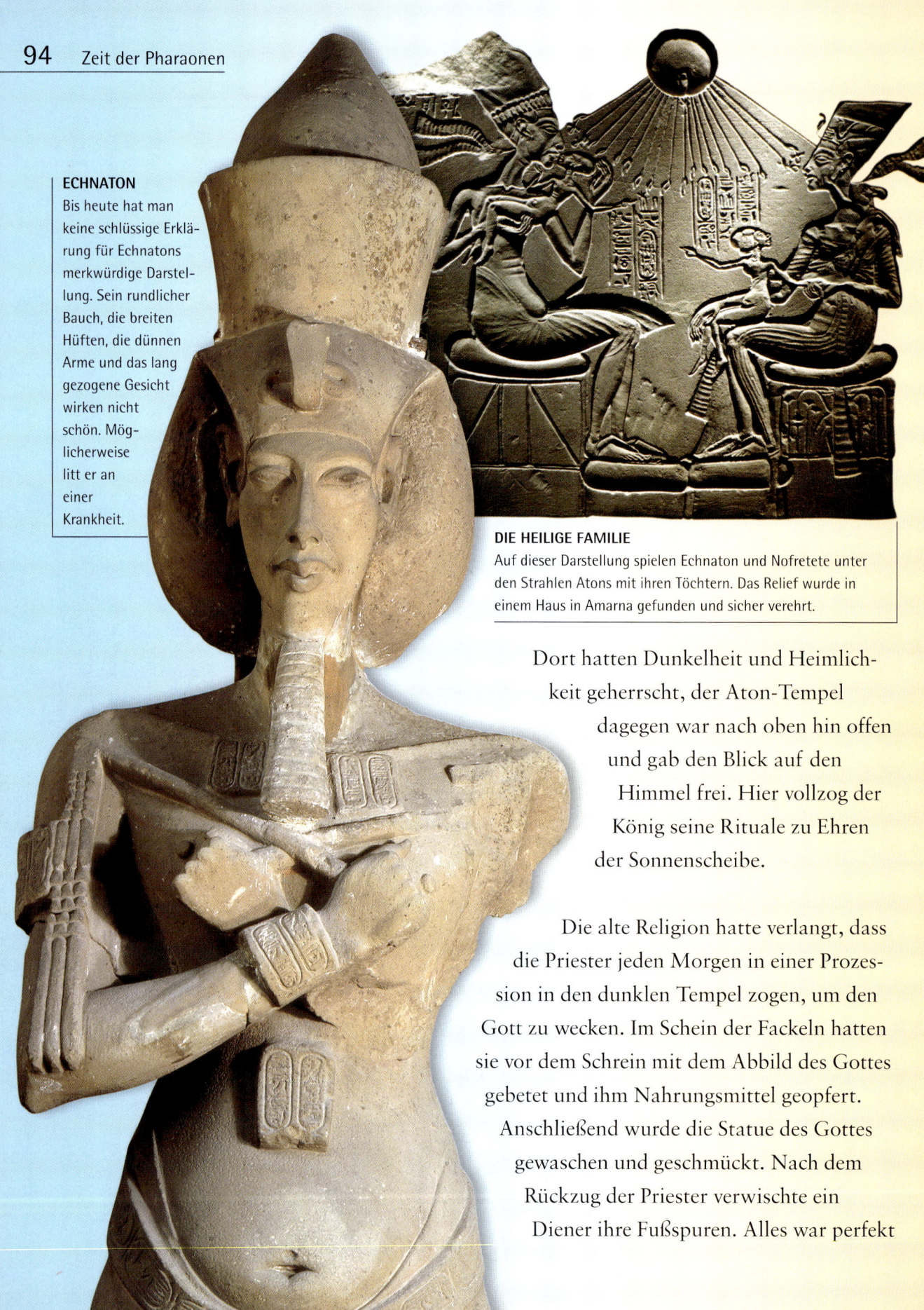

ECHNATON
Bis heute hat man keine schlüssige Erklärung für Echnatons merkwürdige Darstellung. Sein rundlicher Bauch, die breiten Hüften, die dünnen Arme und das lang gezogene Gesicht wirken nicht schön. Möglicherweise litt er an einer Krankheit.

DIE HEILIGE FAMILIE
Auf dieser Darstellung spielen Echnaton und Nofretete unter den Strahlen Atons mit ihren Töchtern. Das Relief wurde in einem Haus in Amarna gefunden und sicher verehrt.

Dort hatten Dunkelheit und Heimlichkeit geherrscht, der Aton-Tempel dagegen war nach oben hin offen und gab den Blick auf den Himmel frei. Hier vollzog der König seine Rituale zu Ehren der Sonnenscheibe.

Die alte Religion hatte verlangt, dass die Priester jeden Morgen in einer Prozession in den dunklen Tempel zogen, um den Gott zu wecken. Im Schein der Fackeln hatten sie vor dem Schrein mit dem Abbild des Gottes gebetet und ihm Nahrungsmittel geopfert. Anschließend wurde die Statue des Gottes gewaschen und geschmückt. Nach dem Rückzug der Priester verwischte ein Diener ihre Fußspuren. Alles war perfekt organisiert, um die Götter gütig zu stimmen und die kosmische Harmonie zu erhalten. Und nun kam Echnaton und zerstörte dieses ausgeklügelte System.

Die einzigen Statuen, die im Aton-Tempel erlaubt waren, stellen den Pharao und seine Familie dar. Der Pharao war der einzige Vertreter Atons auf Erden. Er war ein lebender Gott und spendete Licht und Leben. Nur er konnte zwischen Aton und den Menschen vermitteln, die auch zu Hause keine anderen Götter mehr anbeten durften. Die Höflinge Echnatons bezeichneten sich selbst als wertlose Waisen, die vom großen Pharao gerettet worden seien. Echnatons Paläste lagen an einer breiten Prachtstraße, die er täglich in seinem Streitwagen abfuhr, um sein Volk an seiner Göttlichkeit teilhaben zu lassen.

Der Amarna-Stil

Echnaton veränderte auch die ägyptische Kunst. Der Amarna-Stil ist wesentlich freier und detailfreudiger. Er lässt Bewegung zu und ist realistischer als die stark stilisierten Darstellungen früherer Epochen.

Zwangloses Aussehen
Der Amarna-Stil zeigte die Menschen ungezwungener. Allerdings wurden sie immer noch im Profil dargestellt.

Kegelkopf
Statuen der Königstöchter haben den gleichen lang gezogenen Kopf und den birnenförmigen Körper wie ihr Vater. Der Grund dafür ist unbekannt.

Kunstvolle Natur
Die Künstler stellten oft die dank Aton blühende Natur dar. Diese Weintrauben sind ein gutes Beispiel dafür.

PRIESTERSCHAFT
Möglicherweise hasste Echnaton die ägyptischen Priester wegen ihrer großen Macht. Zunächst existierten die Priester noch neben Aton, verschwanden dann aber.

VERHÄNGNISVOLLE BRIEFE
Einige der in Amarna
gefundenen Briefe enthielten Hilferufe von Städten,
die angegriffen wurden.
Der König scheint die
meisten ignoriert zu haben.

KÖNIGLICHE MACHT
Nofretetes mächtige
Stellung erkennt man auch
daran, dass sie bei religiö-
sen Ritualen die Rolle des
Pharaos einnahm.

Es gibt keinen anderen Pharao, der Ägypten so mutwillig nach seinen eigenen Glaubensvorstellungen veränderte. Und die waren revolutionär. Von nun an brauchte Osiris die Toten nicht mehr durch die Unterwelt zu führen, denn nur Echnaton konnte die ewige Glückseligkeit im Jenseits garantieren. Ein als „Hymne an Aton" bekanntes Gedicht, das der Pharao wahrscheinlich selbst verfasste, verherrlicht diesen Glauben.

Echnaton war so mit seiner neuen Religion beschäftigt, dass er die Regierungsgeschäfte weitgehend seinen Beamten überließ. Im 19. Jahrhundert fand man in Amarna eine faszinierende Sammlung von Briefen, die alle an Echnaton gerichtet waren. Viele stammten aus Städten in Palästina und Syrien, die ihn um militärischen Beistand baten. Die Verfasser wandten sich mit äußerst respektvollen Worten an ihren Pharao. Ein Brief beginnt mit: „Mein Herr, mein Sonnengott, ich werfe mich dir zu Füßen." Diese Briefe sind ein Beleg für die Nachlässigkeit des Pharaos, die das Land schwächte: Der Niedergang Ägyptens hatte bereits begonnen.

Zwei Beamte Echnatons, Eje und Haremhab, wurden später selbst König, doch Echnatons engste Vertraute in Regierungsangelegenheiten war seine Hauptfrau Nofretete. Er hatte sie wahrscheinlich noch vor Beginn seiner Herrschaft als junges

Mädchen geheiratet. Viele Malereien und Büsten zeigen ihre auffallende Schönheit. Auf einer Darstellung ist sie in militärischer Pose zu sehen. Sie erschlägt Feinde, was damals für eine Frau eher ungewöhnlich war. Auf anderen Abbildungen halten sie und ihr königlicher Gemahl Händchen. Es muss einen regelrechten „Personenkult" um sie gegeben haben. In der Tempelanlage Karnak gibt es sogar Bilder, auf denen sie Rituale vollzieht, die eigentlich nur dem Pharao vorbehalten waren.

Vielleicht wollte Echnaton sie sogar zu seiner Mitregentin und göttlichen Stellvertreterin machen, doch ihre Macht währte nicht lange. Ab dem dreizehnten Jahr seiner Regierung wird sie nicht mehr erwähnt. Wahrscheinlich starb sie oder fiel in Ungnade. Letztlich können wir darüber nur Vermutungen anstellen, denn auch dieser Teil der ägyptischen Geschichte liegt im Dunkeln. Fest steht nur, dass Echnaton später zwei seiner eigenen Töchter heiratete. Wahrscheinlich wollte er auf diese Weise sicherstellen, dass seine Nachkommen auch weiterhin in direkter Linie vom göttlichen Aton abstammten.

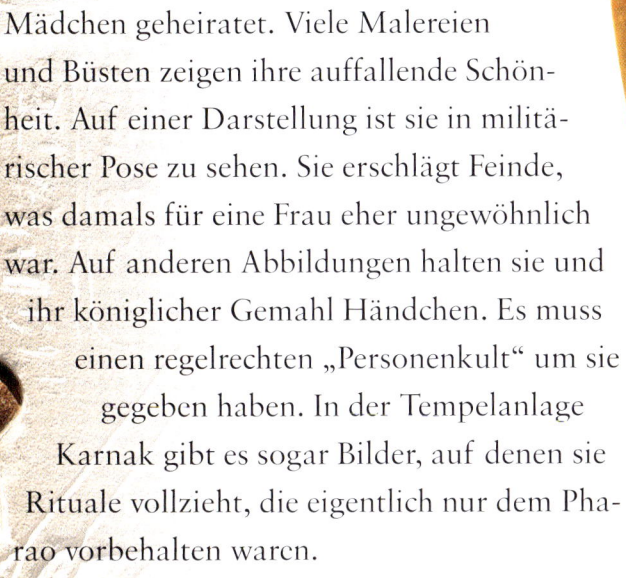

DIE SCHÖNHEIT EINER KÖNIGIN
Diese wunderschöne Büste von Nofretete mit ihrer einzigartigen Krone wurde in einer Bildhauerwerkstatt in Amarna gefunden. Wahrscheinlich diente sie als Modell für die Herstellung von Kultstatuen der Königin.

ANCHESENAMUN

Dieses herrliche Bild wurde auf den Deckel einer kostbaren Truhe des Tutanchamun gemalt. Seine Königin Anchesenamun steht in einem Garten mit Lotosblumen. Der englische Archäologe Howard Carter fand es im Grab des Königs und nannte es „Bild eines großen Meisters".

Echnaton starb im 17. Jahr seiner turbulenten Herrschaft. Seine politischen und religiösen Neuerungen sollten ihn nicht lange überleben. Schon bald nach seinem Tod kehrte man wieder zu den alten Göttern zurück. Seine Hauptstadt wurde aufgegeben, sein Name von zahllosen Bauwerken entfernt, ja sogar sein Grab wurde zerstört.

Über Echnatons direkten Nachfolger Semenchkare ist nur wenig bekannt. Vielleicht war er ein jüngerer Bruder Echnatons oder sogar eine Frau – manche glauben, Nofretete hätte nach dem Tod ihres Mannes unter einem neuen Namen weiterregiert. Doch wer auch immer er war, er regierte nicht lange. Der Pharao, der ihm auf den Thron folgte, sollte der berühmteste König Ägyptens werden: der neunjährige Tutanchamun.

Der Kindkönig erbte ein entmutigtes, darnieder liegendes Land. Echnaton hatte die alten Götter verbannt, die Tempel waren verlassen. Deshalb, so lautet eine Inschrift auf der so genannten „Restaurationsstele" aus Tutanchamuns Regierungszeit, hatten sich die Götter von Ägypten abgewandt und ihre Herzen verhärtet. Ägyptens Armeen waren nicht länger siegreich, in den königlichen Palästen herrschte das Chaos.

Eine der ersten Handlungen des Kindkönigs war die Verlegung des Regierungssitzes in die alte Hauptstadt Memphis. Da Tutanchamun erst neun Jahre alt war, wurde diese Entscheidung wahrscheinlich von hohen Beamten seines Umfelds veranlasst, vermutlich von Eje und Haremhab. Um die Stabilität zu wahren, wurde Tutanchamun sofort mit Echnatons Witwe, die wahrscheinlich seine Stiefschwester war, verheiratet. Seinen Geburtsnamen Tutenchaton änderte er zum Zeichen der Rückkehr zur alten Religion in Tutanchamun. Ob Echnaton die Amun-Priester töten ließ oder sie nur verbannte,

DOPPELGÄNGER
Diese hölzerne Figur zeigt den König kurz vor seinem Tod um 1327 v. Chr. Sie war wahrscheinlich bekleidet und geschmückt.

SITZ DER MACHT
Tutanchamuns herrlichen, mit Einlegearbeiten aus Gold, Elfenbein und verschiedenfarbigen Hölzern geschmückten Thron fand man in seinem Grab. Der König nutzte ihn für Audienzen.

SIEGREICHER KRIEGER
Diese sorgfältig ausgeführte Malerei befindet sich auf Tutanchamuns Jagdtruhe. Sie zeigt den König auf seinem Streitwagen als Sieger über die Feinde Nubien und Syrien. Die Szene hat sich nicht wirklich so zugetragen, sondern ist nur eine symbolische Darstellung des Pharaos, der über das Chaos triumphiert.

TUTANCHAMUNS MUMIE

Die Mumie des Königs war schlecht erhalten, weil das viele Salböl Haut und Fleisch angegriffen hatte. Doch die in den Leinenbinden versteckten Schätze waren in ausgezeichnetem Zustand.

1. Perlenverzierte Leinenkappe
2. Innensarg aus massivem Gold
3. Geierschmuckkragen
4. Sonnenscheiben
5. Skarabäusverzierungen

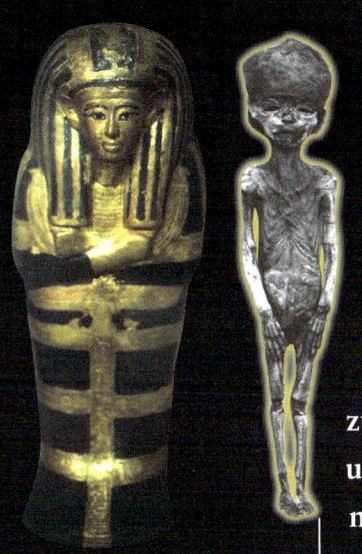

BABYMUMIEN
Zwei winzige Särge im Grab
des Königs enthielten je eine
Mumie eines weiblichen, tot-
geborenen Babys – vielleicht
Töchter Tutanchamuns.

wissen wir nicht. Die neuen Priester wurden vermutlich aus den Würdenträgern
des Landes herangezogen.

Eje und Haremhab unternahmen Feldzüge gegen Syrien und Palästina, vielleicht
um Ägyptens neu erstarkte Macht zu betonen. Bilder auf einer Kiste aus Tutanchamuns Grab zeigen ihn mit Pfeil und Bogen
in der Schlacht. Trotzdem ist es eher
unwahrscheinlich, dass der junge König an
den kriegerischen Auseinandersetzungen
teilnahm. Die Szenen sind nur symbolisch
gemeint. Dafür entsprechen die Malereien in Haremhabs Grabkammer wohl eher der Wirk-
lichkeit: Sie zeigen den General mit gefangen genomme-
nen Feinden, die er gerade dem Pharao vorführt.

Tutanchamuns Mumie verrät uns, dass er im Alter von ungefähr
18 Jahren starb. Röntgenaufnahmen zeigen ein kleines Stück Holz
in seinem Schädel. Das lässt vermuten, dass der Pharao entweder
ermordet wurde oder an den Folgen eines Unfalls starb. Er wurde
ziemlich hastig mumifiziert und in einem ursprünglich für Eje
gedachten Grab beigesetzt. Durch eine glückliche Fügung hat
Tutanchamun ausgerechnet durch dieses bescheidene Grab
Unsterblichkeit erlangt, denn es ist das
einzige unversehrte Grab, das je gefunden
wurde. Trotz der abgeschiedenen Lage
des Tals der Könige wurden alle anderen
Grabstätten schon vor langer Zeit
geplündert.

SCHUTZGÖTTIN
Diese fein modellierte
Goldfigur im Amarna-
Stil ist eine von vier
Schutzgöttinnen, die
den Kanopenschrein
des Pharaos bewachen
sollten.

Tutanchamuns Grabkammer

Die Mumie trug eine Goldmaske.

Der dritte und letzte Sarg bestand aus massivem Gold.

Den zweiten Sarg aus vergoldetem Holz schmückten Einlegearbeiten aus Glas.

Der erste Sarg bestand aus vergoldetem Zypressenholz.

Der Sarkophag war aus einem einzigen Quarzitblock gearbeitet.

Der vierte innerste Schrein war vergoldet und mit Götterdarstellungen geschmückt.

Der dritte Schrein war vergoldet und mit Sprüchen aus dem Totenbuch bedeckt.

Ein Sargtuch aus Leinen hing über dem zweiten Schrein, dessen Türen versiegelt waren.

Der erste Schrein bestand aus vergoldetem Zedernholz mit blauen Fayence-Einlagen (glasierter Ton).

Die Grabkammer ist mit Szenen geschmückt, die den König vor Osiris zeigen.

Diese Abbildung zeigt, wie die drei Särge, der Sarkophag und die vier Schreine Tutanchamuns ineinander passten. Im Februar 1923 öffnete der englische Archäologe Howard Carter die versiegelte Tür der Grabkammer und glaubte zunächst, vor einer goldenen Wand zu stehen. Wie sich herausstellte, handelte es sich um den äußeren Schrein.

Als Tutanchamuns Grab 1922 entdeckt wurde, war das eine der größten Sensationen in der gesamten Geschichte der Archäologie. Zwei schwarze Holzstatuen, die den König selbst darstellten, bewachten den Eingang der Grabkammer. In ihrem Innern befanden sich vier Holzschreine, die alle vergoldet und mit Bildern des Königs oder der Götter verziert waren. Sie enthielten einen bemalten Quarzitsarkophag. Darin lagen drei Särge passgenau ineinander.

Bevor der schwere rote Granitdeckel des Sarkophags auf seinen Platz gehoben wurde, hatte das Gefolge des Pharaos Grabsträuße auf dem Kopfende des Sarges nieder-

WÄCHTERSTATUEN
Die beeindruckenden Wächterstatuen vor der versiegelten Grabkammer des Königs lösten bei Howard Carter ehrfürchtiges Staunen aus.

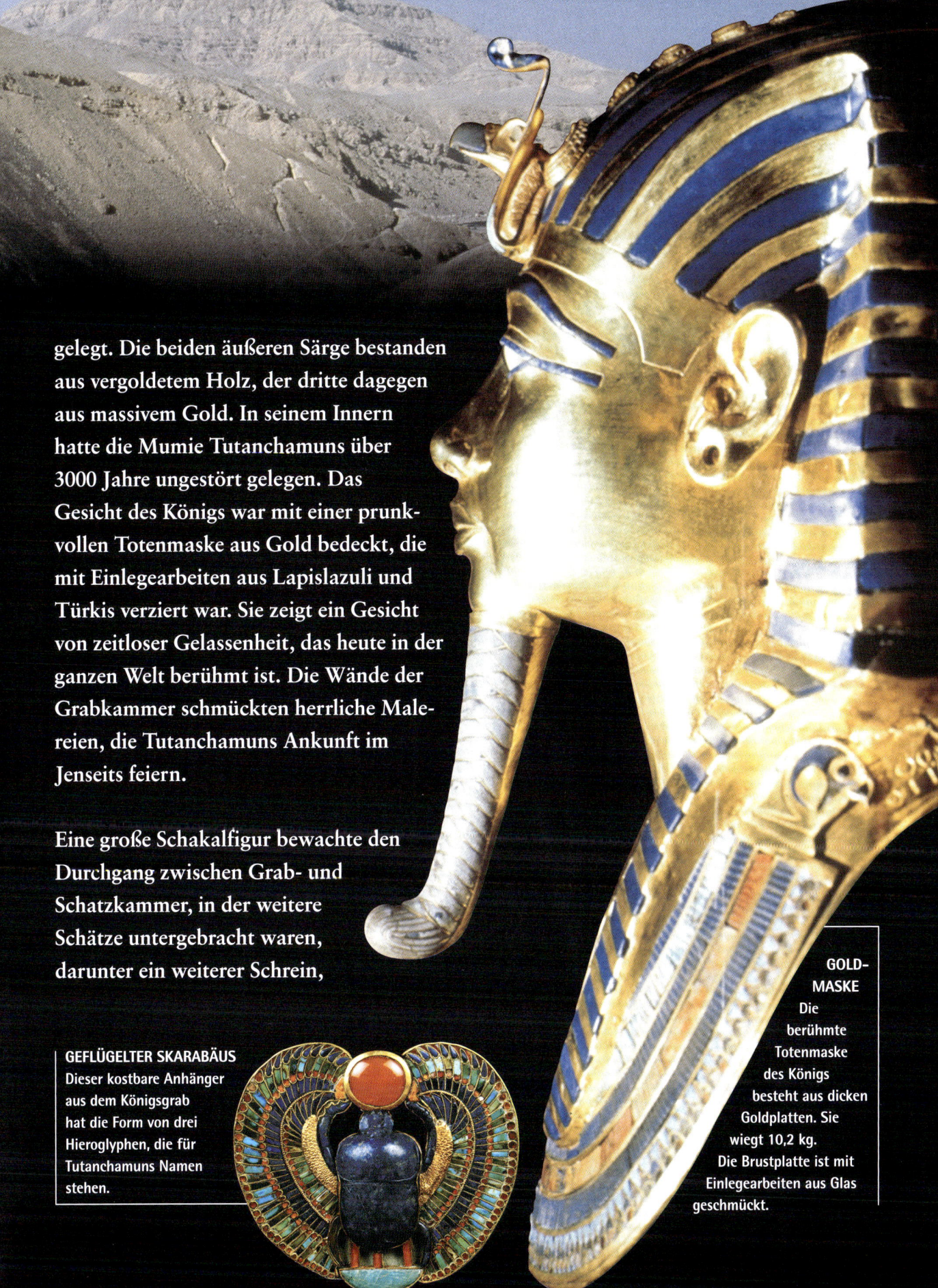

gelegt. Die beiden äußeren Särge bestanden aus vergoldetem Holz, der dritte dagegen aus massivem Gold. In seinem Innern hatte die Mumie Tutanchamuns über 3000 Jahre ungestört gelegen. Das Gesicht des Königs war mit einer prunkvollen Totenmaske aus Gold bedeckt, die mit Einlegearbeiten aus Lapislazuli und Türkis verziert war. Sie zeigt ein Gesicht von zeitloser Gelassenheit, das heute in der ganzen Welt berühmt ist. Die Wände der Grabkammer schmückten herrliche Malereien, die Tutanchamuns Ankunft im Jenseits feiern.

Eine große Schakalfigur bewachte den Durchgang zwischen Grab- und Schatzkammer, in der weitere Schätze untergebracht waren, darunter ein weiterer Schrein,

GEFLÜGELTER SKARABÄUS
Dieser kostbare Anhänger aus dem Königsgrab hat die Form von drei Hieroglyphen, die für Tutanchamuns Namen stehen.

GOLD-MASKE
Die berühmte Totenmaske des Königs besteht aus dicken Goldplatten. Sie wiegt 10,2 kg. Die Brustplatte ist mit Einlegearbeiten aus Glas geschmückt.

umgeben von Schutzgöttinnen. In diesem Schrein befand sich eine Alabastertruhe, die vier kleine goldene Särge mit den inneren Organen des Königs beherbergte.

Tutanchamun starb ohne Erben und ließ seine Frau Anchesenamun allein und machtlos zurück. Sie schrieb einen verzweifelten Brief an den König der Hethiter und schlug ihm vor, einen seiner Söhne zu heiraten. Tatsächlich scheint der König einen Prinzen entsandt zu haben, der jedoch noch an der Grenze ermordet wurde. Anchesenamun stand unter großem Druck und willigte schließlich ein, den ältlichen Höfling Eje, zu heiraten, der zum nächsten Pharao ernannt wurde.

Eje regierte gerade einmal vier Jahre lang. Wahrscheinlich zog schon unter seiner Herrschaft ein anderer die Fäden, der Heerführer Haremhab. Dieser hatte als General unter drei Pharaonen gedient – nämlich unter Amenophis III., Echnaton und Tutanchamun. Sein großer Ehrgeiz führte ihn schließlich bis an die Spitze des Reiches.

Soldaten und Waffen

Ägyptische Soldaten kämpften in großen Abteilungen, die aus kleinen Einheiten à zehn Männern bestanden. Sie benutzten Dolche und Äxte, Speere und Schwerter sowie Pfeil und Bogen. Es gab auch Streitwagenkämpfer. Die Truppen waren lange in der Wüste unterwegs und mussten ausreichend Proviant mitnehmen.

Höhere Offiziere waren mit diesen langen Krummschwertern bewaffnet.

Traditionelle ägyptische Dolche besaßen Kupferklingen, die in hölzernen Griffen steckten.

Diese Axt hatte eine besonders lange Klinge.

Diese einfache Streitaxt war im ganzen Mittleren Osten verbreitet.

Seine Chance kam mit dem Tod von Eje.
Haremhab erklärte sich selbst zum Pharao
und versuchte sofort, sämtliche Spuren seines
Vorgängers zu vernichten. Er ließ Inschriften
und Bilder entfernen, ja übernahm sogar den
Tempel, der Eje gewidmet war. Haremhab war fest entschlossen,
Ejes Namen aus der Geschichte zu verbannen.

In Haremhabs Adern floss kein königliches Blut, obwohl er durch
seine Heirat mit einer Schwester Nofretetes mit der Königsfamilie
verwandt war. Daher musste er seinen Thronanspruch irgendwie
anders rechtfertigen und berief sich direkt auf Amenophis III.,
den mächtigsten und wohlhabendsten König der XVIII. Dynastie.
Er versuchte also, nicht nur die Erinnerung an Eje,
sondern auch an die drei Pharaonen davor –
Tutanchamun, Semenchkare und Echnaton –
völlig auszulöschen. Aus dem gleichen Grund ließ
er Amarna zerstören. Die Stadt wurde verlassen
und wurde im Lauf der Zeit völlig vom Wüstensand
begraben. 3000 Jahre sollten vergehen, bis sie rein
zufällig wieder entdeckt wurde.

Haremhab herrschte etwa 30 Jahre lang. In dieser
Zeit hielt er das Land eisern im Griff. Er baute
viele Tempel und ernannte ehemalige Soldaten
zu Priestern. Auf diese Weise gelang es ihm,
auch die Staatsreligion zu kontrollieren.
Zu seinem Nachfolger bestimmte er seinen
militärischen Vertrauten Paramessu. Dieser bestieg
als Ramses I. den Pharaonenthron und begründete
damit die glanzvolle XIX. Dynastie, die Ägypten
zu seiner letzten großen Blüte führen sollte.

DER HEERFÜHRERKÖNIG
Auf dieser Malerei in seiner
Grabkammer trägt Harem-
hab das *Nemes*-Kopftuch
und bringt verschiedenen
Göttern Opfer dar.

GEFANGENE HAREMHABS
Diese Szene aus Haremhabs
zweitem Grab in Sakkara
schildert einen militäri-
schen Sieg. Wachen führen
gefangene Frauen und
Kinder fort, die Männer
sind gefesselt.

KAPITEL ACHT

Die Ramessiden

Unter der XIX. Dynastie wurde Ägypten noch einmal groß. Der erste Pharao, Ramses I., war bereits über 50, als er den Thron bestieg, und regierte nur zwei Jahre. Er war der erste Herrscher der so genannten Ramessiden.

SEIN SOHN SETHOS I. zeigte dann die wahren Interessen dieser Dynastie. Er wollte die einstige Größe Ägyptens wiederherstellen. Auf einer für ihn angelegten Königsliste werden die Namen der Pharaonen zwischen Amenophis III. und Haremhab einfach unterschlagen – ganz so, als hätten sie nie gelebt. Sethos versuchte, ihre schwache Außenpolitik wieder gut zu machen und führte eine Reihe von Feldzügen gegen Palästina und Syrien. Einige unter Echnaton an die Hethiter verlorene Städte in Nordsyrien scheint er zurückerobert zu haben. Doch es gab noch andere Bedrohungen von außen: Libysche Nomaden drangen von Westen her ein, und auch die nubischen Goldlieferungen aus dem Süden mussten militärisch gesichert werden. Aus Nubien ließ Sethos außerdem Sklaven bringen, die an seinen gewaltigen Bauprojekten mitarbeiten mussten.

◄ Kolossalstatue von Ramses II. im Luxor-Tempel

HALLE DER DUNKELHEIT

Die Große Säulenhalle von Sethos I., das so genannte *Hypostyl*, besaß 134 riesige Säulen, die das Steindach trugen. *Hypostyl* ist griechisch und bedeutet „auf Säulen ruhend". Schmale Schlitze im Mauerwerk ließen nur wenig Licht herein.

DAS GRAB DES OSIRIS

Die Ruinen des so genannten Osireions, des angeblichen Grabs des Osiris, sind heute noch gut zu erkennen. Eine künstliche unterirdische Insel, die von einem Kanal umgeben war, sollte den Schöpfungshügel darstellen.

Sethos I. ließ viele Bauwerke restaurieren oder neu errichten. Er gab das berühmte Hypostyl in Karnak in Auftrag. Die größte ägyptische Säulenhalle, die je erbaut wurde, ist ein wahres Wunder antiker Architektur. In Abydos ließ Sethos einen riesigen Osiris-Tempel errichten. Dahinter lag das sagenumwobene Osireion, das angeblich das Grab des Osiris enthielt. Im Tal der Könige ließ sich Sethos die tiefste aller Grabkammern anlegen. Sie befand sich am Ende eines 91 Meter in die Tiefe führenden Felsengangs und beherbergte seinen Alabastersarkophag.

Sethos' Sohn Ramses II. wird von Geschichtsforschern häufig als der mächtigste Pharao Ägyptens bezeichnet. Er regierte 67 Jahre lang und wird auch „Ramses der Große" genannt. Diese Größe und Bedeutung betrachtete er

EIN NEUER ANFANG

Auf diesem Relief trägt Sethos I. eine fein gearbeitete Perücke. Die 13 Jahre seiner Herrschaft leiteten eine neue Blütezeit ein. Die Verwaltung wurde gestrafft, Kunst und Kultur erreichten einen weiteren Höhepunkt.

gewissermaßen als sein Geburtsrecht. Schon in jungen Jahren wurde er zum Heerführer ausgebildet. Gleich, nachdem er an die Macht gekommen war, zog er mit einer großen Armee gegen die Hethiter. Die Schlacht von Kadesch war ein wichtiges Ereignis in seiner Regierungszeit. Inschriften in ganz Ägypten feierten sie als großen persönlichen Sieg des Pharaos.

In Wahrheit verlief die Schlacht nicht ganz so glorreich, wie behauptet. Spione hatten den Ägyptern eingeredet, die Hethiter seien noch weit von Kadesch entfernt, und sie auf diese Weise in einen Hinterhalt gelockt. Hethitische Streitwagen fielen über die ägyptischen Soldaten her und zerstreuten sie in alle Winde. Doch der Pharao sammelte die verbliebenen Kräfte und führte sie in die Schlacht. Am Ende des Tages hatte es keine Seite geschafft, den Sieg zu erringen. Beide Parteien waren völlig erschöpft. Da schlossen sie einen Friedensvertrag – den ersten in der Geschichte überhaupt. Danach allerdings nahm der Einfluss Ägyptens in Syrien und Palästina stark ab.

KÖNIG DER KÖNIGE
Diese berühmte schwarze Granitstatue von Ramses II. zeigt ihn als glorreichen Sieger mit der Blauen Krone des Krieges.

Viele Jahre später gab der König der Hethiter Ramses eine seiner Töchter zur Frau, um auf diese Weise den Frieden zwischen beiden Völkern zu besiegeln. Sie gehörte fortan zum königlichen Harem, aus dem im Laufe der Zeit mehr als hundert Söhne und zahlreiche Töchter des Pharaos hervorgingen. Einst stand

LEBEN IM HAREM
Im königlichen Harem lebten nicht nur die Lieblingsfrauen des Königs und seine ausländischen Nebenfrauen, sondern auch Witwen und Alleinstehende.

ihr Nefertari, die Große Königliche Gemahlin vor. Sie ist eine der berühmtesten Königinnen Ägyptens, ihr Bildnis wurde im ganzen Land verehrt. Sie starb etwa in Ramses' 30. Regierungsjahr. Ihre Grabkammer im Tal der Königinnen ist ein außergewöhnliches Gesamtkunstwerk.

KÖNIGLICHE GEMAHLIN
Auf dieser Darstellung aus ihrem reich verzierten Grab trägt Nefertari eine prachtvolle Federkrone und bringt den Göttern ihr Opfer dar.

Wie Nefertaris Stellung zeigt, konnten auch Frauen eine wichtige Rolle spielen. In keiner anderen antiken Gesellschaft waren sie rechtlich so abgesichert. Frauen durften Verträge schließen, Eigentum besitzen und konnten ihren Mann sogar wegen Ehebruchs oder Misshandlung vor Gericht bringen.

Manche Große Königliche Gemahlin gewann enorm viel Einfluss am Hof des Pharaos und war auch von religiöser Bedeutung. Die Königin hatte einen lebenden Gott geheiratet und war damit selbst Göttin. Bei zahlreichen religiösen

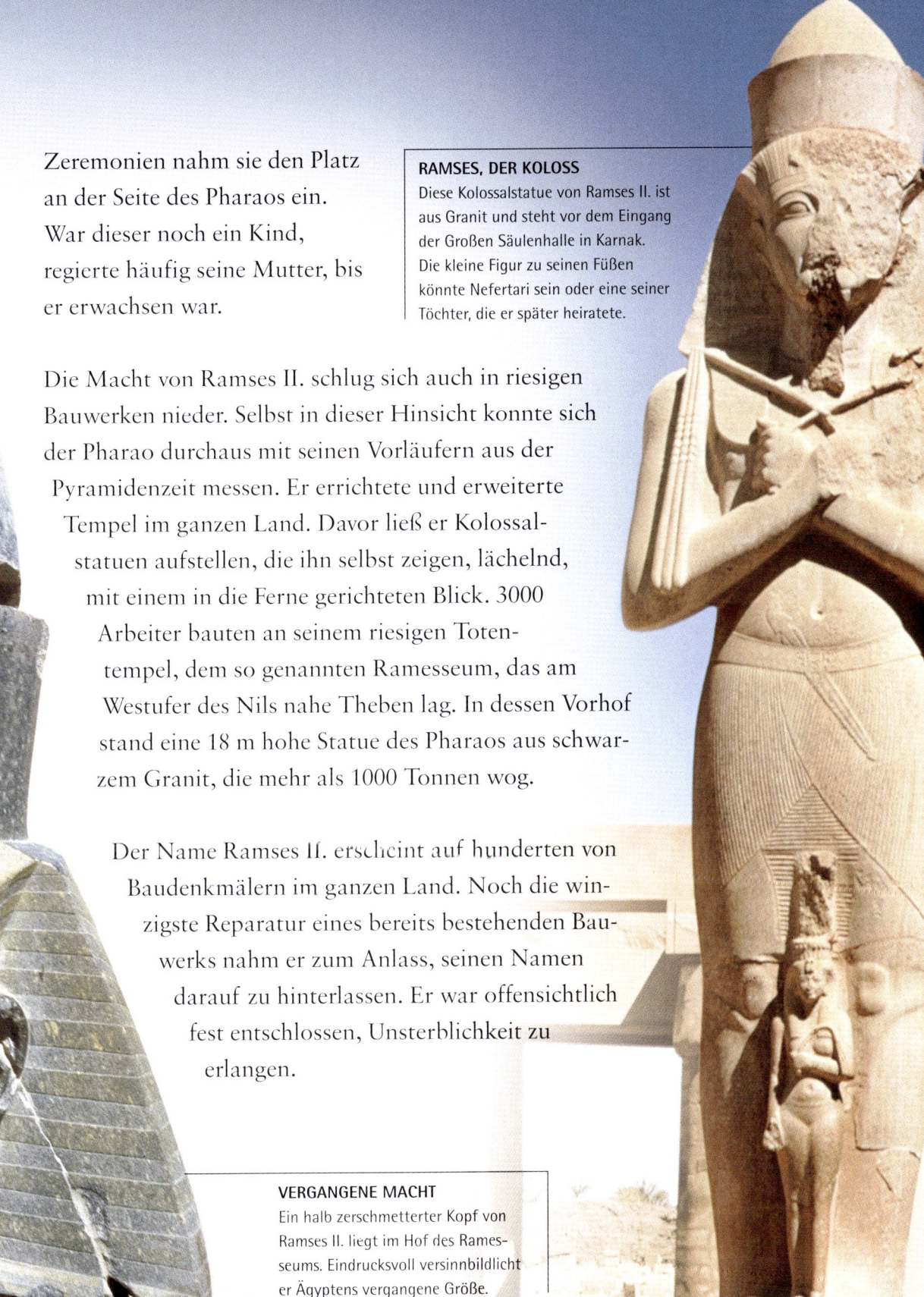

Zeremonien nahm sie den Platz an der Seite des Pharaos ein. War dieser noch ein Kind, regierte häufig seine Mutter, bis er erwachsen war.

Die Macht von Ramses II. schlug sich auch in riesigen Bauwerken nieder. Selbst in dieser Hinsicht konnte sich der Pharao durchaus mit seinen Vorläufern aus der Pyramidenzeit messen. Er errichtete und erweiterte Tempel im ganzen Land. Davor ließ er Kolossalstatuen aufstellen, die ihn selbst zeigen, lächelnd, mit einem in die Ferne gerichteten Blick. 3000 Arbeiter bauten an seinem riesigen Totentempel, dem so genannten Ramesseum, das am Westufer des Nils nahe Theben lag. In dessen Vorhof stand eine 18 m hohe Statue des Pharaos aus schwarzem Granit, die mehr als 1000 Tonnen wog.

Der Name Ramses II. erscheint auf hunderten von Baudenkmälern im ganzen Land. Noch die winzigste Reparatur eines bereits bestehenden Bauwerks nahm er zum Anlass, seinen Namen darauf zu hinterlassen. Er war offensichtlich fest entschlossen, Unsterblichkeit zu erlangen.

RAMSES, DER KOLOSS
Diese Kolossalstatue von Ramses II. ist aus Granit und steht vor dem Eingang der Großen Säulenhalle in Karnak. Die kleine Figur zu seinen Füßen könnte Nefertari sein oder eine seiner Töchter, die er später heiratete.

VERGANGENE MACHT
Ein halb zerschmetterter Kopf von Ramses II. liegt im Hof des Ramesseums. Eindrucksvoll versinnbildlicht er Ägyptens vergangene Größe.

KÖNIGSHALLE
Die Säulen in der riesigen Vorhalle, die ins Allerheiligste des Großen Tempels führt, haben die Form von Ramses-Statuen.

Doch das größte Symbol seiner Macht übertrifft sogar noch das Ramesseum und liegt im nubischen Abu Simbel. Der Große Tempel des Ramses und ein kleinerer für Königin Nefertari und die Göttin Hathor wurden teilweise über 60 Meter tief in einen Felshang über dem Nil gehauen. Vor dem Großen Tempel befanden sich vier gigantische Statuen des sitzenden Pharaos.

Die Baumeister legten den Großen Tempel so an, dass die Sonnenstrahlen während der Tag-und-Nacht-Gleiche im Februar und Oktober direkt durch den Eingang auf drei große Götterstatuen fielen. Der Große Tempel ist ein Meisterwerk und braucht den Vergleich mit den Baudenkmälern des Alten Reiches nicht zu scheuen. Und als sei dies alles noch nicht genug, legte Ramses auch eine prachtvolle neue Hauptstadt an: Pi-Ramesse („Haus des Ramses") wurde im nordöstlichen Nildelta errichtet. Leider ist heute kaum noch etwas davon erhalten.

Ramses II. starb im Alter von etwa 92 Jahren, doch er war bereits zu Lebzeiten ein Gott. Seine Statuen wurden in Tempeln im ganzen Land verehrt. Sein Grab wurde schon vor langer Zeit geplündert, seine Schätze sind in alle Winde zerstreut, doch seine Mumie hat überlebt. Sie wurde Anfang des 19. Jhs. in Deir el-Bahari entdeckt.

STEINERNE RIESEN
Neben den gewaltigen Ramses-Statuen in Abu Simbel wirken Menschen wie Zwerge.

KÖNIGLICHE RUHE
Ramses litt gegen Ende seines Lebens an schlechten Zähnen und Arthritis. Doch selbst im Tod strahlt er noch eine königliche Würde aus. Als seine Mumie 1976 zur Konservierung nach Paris gebracht wurde, empfing ihn die bei königlichen Staatsbesuchen übliche Ehrengarde.

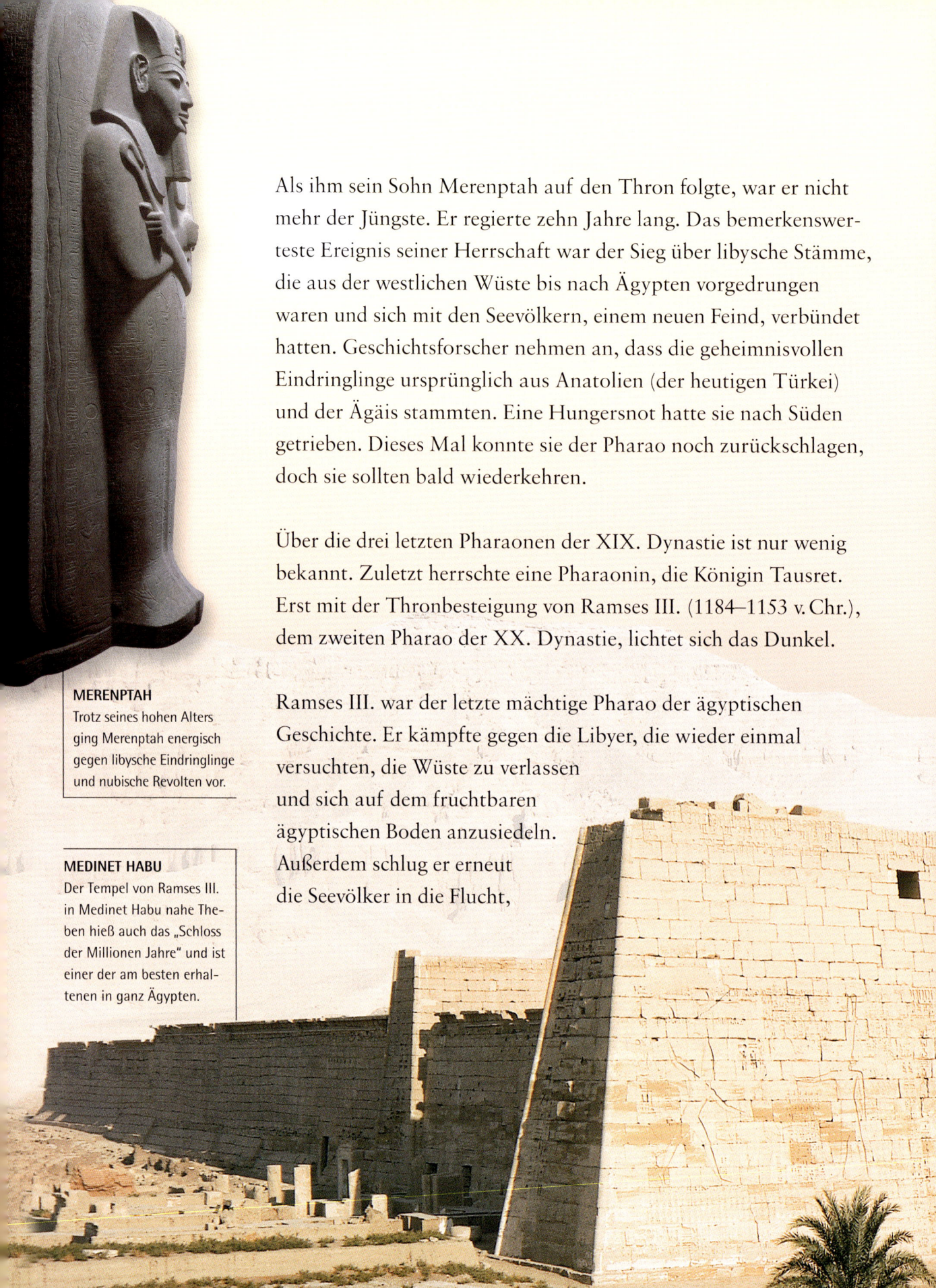

Als ihm sein Sohn Merenptah auf den Thron folgte, war er nicht mehr der Jüngste. Er regierte zehn Jahre lang. Das bemerkenswerteste Ereignis seiner Herrschaft war der Sieg über libysche Stämme, die aus der westlichen Wüste bis nach Ägypten vorgedrungen waren und sich mit den Seevölkern, einem neuen Feind, verbündet hatten. Geschichtsforscher nehmen an, dass die geheimnisvollen Eindringlinge ursprünglich aus Anatolien (der heutigen Türkei) und der Ägäis stammten. Eine Hungersnot hatte sie nach Süden getrieben. Dieses Mal konnte sie der Pharao noch zurückschlagen, doch sie sollten bald wiederkehren.

Über die drei letzten Pharaonen der XIX. Dynastie ist nur wenig bekannt. Zuletzt herrschte eine Pharaonin, die Königin Tausret. Erst mit der Thronbesteigung von Ramses III. (1184–1153 v. Chr.), dem zweiten Pharao der XX. Dynastie, lichtet sich das Dunkel.

Ramses III. war der letzte mächtige Pharao der ägyptischen Geschichte. Er kämpfte gegen die Libyer, die wieder einmal versuchten, die Wüste zu verlassen und sich auf dem fruchtbaren ägyptischen Boden anzusiedeln. Außerdem schlug er erneut die Seevölker in die Flucht,

MERENPTAH
Trotz seines hohen Alters ging Merenptah energisch gegen libysche Eindringlinge und nubische Revolten vor.

MEDINET HABU
Der Tempel von Ramses III. in Medinet Habu nahe Theben hieß auch das „Schloss der Millionen Jahre" und ist einer der am besten erhaltenen in ganz Ägypten.

GEFAHR VOM MEER
Auf diesem Relief aus Medinet Habu wird der Sieg von Ramses III. über die Seevölker dargestellt. Die merkwürdigen Helme und Schilde der Feinde sind sorgfältig ausgeführt.

die Ägypten vom Meer her angriffen. Die Ägypter hatten nur wenig Erfahrung mit Seeschlachten, und die Seevölker segelten einfach mit ihren Schiffen bis ins Nildelta hinein. Ramses postierte Bogenschützen am Ufer und in Booten. Als sich die feindlichen Schiffe näherten, ließen die ägyptischen Schützen Pfeile vom Himmel regnen und vernichteten sie.

Gegen die äußeren Feinde konnte sich Ramses III. gut behaupten, aber gegen die im Innern war er weniger erfolgreich. Unter seiner Herrschaft gelangten die Priester wichtiger Tempel zu großem Reichtum und entsprechend viel Macht. Ramses selbst vermachte der Priesterkaste beträchtlichen Land-

EINDRUCKSVOLLE ERSCHEINUNG
Auf diesem Relief opfert Ramses III. in vollem Ornat den Göttern. Er trägt eine mit Gold verzierte Weiße Krone und einen prächtigen Schurz.

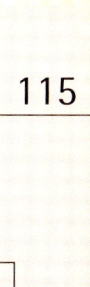

DAS TAL DER DIEBE
Die Gräber im Tal der Könige waren nur mit einer Steintür und einem Siegel verschlossen. Leichte Beute für Diebe!

GRABRÄUBER
Oft waren es Bauarbeiter, die an den Gräbern mitgewirkt hatten, die sie später wieder ausraubten – schließlich kannten sie sämtliche Fallen und Hindernisse. Die Mumie selbst besaß hohen Wert, denn in den Leinenbinden waren viele kleine Schätze verborgen.

besitz. Das hatte zur Folge, dass weniger Getreide in die königlichen Kornspeicher floss. Es gab Hunger und Armut. Die schlechte Versorgungslage führte sogar zum ersten belegten Streik der Weltgeschichte.

In diesen unruhigen Zeiten wurde ein Komplott zur Ermordung des Königs geschmiedet. Doch der Plan flog auf und man stellte die Verschwörer vor Gericht. Zu ihnen gehörten auch einige Frauen des Pharaos, die später angeklagt wurden, „das Volk gegen ihren Herrn aufgehetzt zu haben". Schon allein daran kann man erkennen, wie schlecht es den Ägyptern ergangen sein muss, denn sonst hätten sie so etwas nie gewagt.

Ramses III. starb, kurz nachdem die Verschwörung aufgeflogen war. Ihm folgte eine Reihe kurzlebiger Pharaonen, die sich bis zum Ende der XX. Dynastie alle Ramses nannten. Über ihre Regierungszeit gibt es nur wenig Aufzeichnungen. Man weiß nur, dass sie auf der Suche nach Gold und Edelsteinen Expeditionen in die Wüste unternahmen. In dieser Zeit verlor das Königtum seine göttliche Aura. Der Pharao war kein lebendiger Gott mehr, sondern einfach nur sein Stellvertreter auf Erden.

Für Ägypten begann eine Zeit des Niedergangs. Die Grenzen schrumpften, libysche Stämme drangen immer häufiger ins Land ein, und auch Palästina und Syrien standen nicht mehr unter ägyptischer Herrschaft. Es gab nicht nur Hunger und Streiks, sondern etwas viel Schlimmeres: Die Gräber der alten Pharaonen wurden systematisch geplündert.

Die zahlreichen Plünderungen zeigen, dass Ägypten sich politisch und kulturell in einer großen Krise befand. Der Totenkult

OFFIZIELLER EINBRUCH
Die Restaurierung des zerschlagenen Sarkophagdeckels von Ramses VI. wurde 2004 abgeschlossen. Manche glauben, dass der riesige Granitdeckel nicht von Grabräubern aufgebrochen wurde, sondern dass Regierungsbeamte auf der Suche nach Gold den Befehl dazu gaben.

konnte die Gräber nicht mehr schützen.
Aus Aufzeichnungen wissen wir, dass
unter Ramses IX. eine ganze Diebesbande
der Grabräuberei beschuldigt wurde.
Diese Plünderungen gingen Jahrhundertelang unvermindert weiter.
Irgendwann gab es kaum noch
ein Grab, das nicht ausgeräumt
worden war. Es soll sogar vorgekommen sein, dass Beamte des
Hohen Tempels in Theben
selbst zu Grabräubern wurden – entweder, weil sie sich
selbst bereichern oder Ägyptens schwache Wirtschaft
ankurbeln wollten.

DIE MACHT AMUNS
Von der Kultstatue des Amun
ist nur noch der Granitkopf
erhalten geblieben. Dem
hohen Ansehen dieses Gottes
verdankten die thebanischen
Priester ihre Macht.

Wie tief das Ansehen Ägyptens gegen Ende des Neuen
Reiches gefallen war, beweist folgende Episode: Unter
der Herrschaft von Ramses XI. (1099–1069 v. Chr.),
des letzten Pharaos der XX. Dynastie, wurde
Wenamun, ein Beamter des Tempels in Theben, in die
phönizische Hafenstadt Byblos entsandt. Er sollte dort
kostbares Zedernholz für die Reparatur der heiligen
Barke des Amun erwerben. Früher wäre ein Priester des
Amun von seinen ausländischen Gastgebern mit Respekt
behandelt worden. Stattdessen zwang man ihn, ein frem-
des Schiff zu besteigen, auf dem er ausgeraubt wurde.
Dann hielt man ihn in Byblos fest, bis neues Geld aus
Ägypten eingetroffen war und verlangte einen unver-
schämt hohen Preis für das Holz.

Im eigenen Land wurde die Autorität des Pharaos
zunehmend von den thebanischen Priestern untergraben.

Mit ihrem riesigen Landbesitz kontrollierten sie einen Großteil von Ägyptens Reichtümern. Sie besaßen 90 Prozent aller Schiffe und 80 Prozent der Werkstätten. Auch die Verwaltung lag beinahe ausschließlich in ihren Händen. Gegen Ende der XX. Dynastie ernannte sich ein mächtiger Hohepriester des Amun, der außerdem ein gefürchteter Feldherr war, zum Priesterkönig von Südägypten. Sein Name war Herihor. Die Herrschaft von Ramses XI. erkannte er nur im Norden des Landes an. Auf Tempelreliefs in Kar-

DER HOHEPRIESTER
Herihor war auch Wesir (Erster Minister) des Reiches, als er seinen Staatsstreich durchführte. Die Armee unterstützte ihn dabei.

nak erscheint Herihors Name sogar in einer Königskartusche.

Als Ramses XI. schließlich starb, bestieg Smendes (1069–1043 v. Chr.) den Thron und begründete die XXI. Dynastie. Dieser Pharao verlegte seine Hauptstadt nach Tanis im Nildelta. Wieder gab es in Ägypten zwei Machtzentren: die Hohepriester von Theben im Süden und den Pharao im Norden. Doch das war erst der Anfang. Immer mehr Familien gelangten zu Macht und Wohlstand, sodass Ägypten in zahlreiche unabhängige Provinzen und kleine Königreiche zerfiel.

All das spielte sich zu Beginn der Dritten Zwischenzeit (1069–715 v. Chr.) ab. Nach 2000 Jahren glorreicher Geschichte neigte sich die Zeit der Pharaonen ihrem Ende zu. Obwohl die ägyptische Zivilisation noch weitere 1000 Jahre überlebte, ging es von nun an nur noch bergab.

KAPITEL NEUN

Götter-
dämmerung

*Um 1000 v. Chr. war Ägypten nicht mehr der Mittel-
punkt der zivilisierten Welt, sondern sah sich an
den Rand der Mittelmeerkulturen gedrängt. Andere
Mächte sahen in Ägyptens Schwäche eine Chance
für den eigenen Aufstieg.*

IM LETZTEN JAHRTAUSEND seiner Geschichte sollte das
alte Ägypten von ausländischen Pharaonen und einer
Reihe fremder Eindringlinge regiert werden. Doch auch
während dieses langsamen Niedergangs gab es Höhen und
Tiefen – Zeiten, in denen Ägypten wieder eine militärische
Rolle im Mittleren Osten spielte und einheimische Führer
die Macht übernahmen. Außerdem
hatten die meisten Ägypter unter der
Fremdherrschaft kaum zu leiden.
Die Welt veränderte sich, doch das
Leben ging weiter. Viele Menschen
begrüßten Veränderungen sogar.

Über die Pharaonen der XXI. Dynastie weiß man nur
wenig. Fest steht, dass Ägypten nach Jahrhunderten der
Fremdherrschaft die Kontrolle über Nubien verlor. Der
Reichtum der früheren Königreiche war verloren und es entstanden keine großartigen Bauwerke mehr. Feldzüge wurden auch kaum noch unternommen. Mit der zunehmenden

◀ Rekonstruktion des Isis-Tempels in Philae (Ptolemäerzeit)

politischen Zersplitterung Ägyptens besann sich das Land mehr auf sich selbst. Es war kein großes Königreich mehr.

Unter früheren Pharaonen hatten sich schon einige libysche Stämme in Nord- und Westägypten ansiedeln können. Sie gelangten bald zu Macht und Einfluss – viele dienten in der Armee des Pharaos und bekleideten sogar hohe Ränge. Irgendwann wurde der libysche Einfluss in der Armee so stark, dass ein Libyer den Pharaonenthron bestieg. Scheschonk I., Gründer der XXII. Dynastie (945–715 v. Chr.), erwies sich als starker Führer. Er machte den Machtkämpfen mit den thebanischen Priesterkönigen ein Ende, indem er seinen eigenen Sohn zum Hohepriester des Amun ernannte. Auch andere wichtige Positionen besetzte er mit Familienmitgliedern und verschaffte sich so im ganzen Land Respekt.

Scheschonk führte den ersten erfolgreichen Feldzug gegen Palästina seit 250 Jahren, als Ramses III. noch geherrscht hatte. Seit der Glanzzeit der XIX. Dynastie hatten sich andere Mächte im Mittleren Osten etabliert, darunter das Königreich Israel. Im Jahr 925 v. Chr. belagerte Scheschonk Jerusalem und plünderte die Schatzkammer in König Salomos Tempel – ein Ereignis, über das sogar die Bibel berichtet. Als Zeichen seines Triumphes ließ der Pharao in Karnak einen neuen Hof bauen. Damit wollte er den verlorenen Glanz der alten Pharaonen wiederherstellen.

SILBERFALKE
Der auffallende Silbersarkophag von Scheschonk I. besaß die Form eines Horusfalken. Der darin liegende Sarg zeigte ebenfalls einen Falkenkopf.

Auch die libyschen Pharaonen nach Scheschonk verteidigten die nordöstlichen Grenzen. Osorkon II. verbündete sich sogar mit den Israeliten, um gegen einen gemeinsamen neuen Feind vorzugehen: das Assyrische Reich. Doch Scheschonks Nachfolger gelang es nicht, die Herrschaft über ganz Ägypten zu behalten. Der alte Zwist mit den thebanischen Priestern flammte wieder auf. Über diese Zeit ist kaum etwas bekannt, aber es scheint, als hätten die Könige der XXII. Dynastie ihre Macht mit der XXIII. und XXIV. geteilt.

In dieser politisch äußerst instabilen Situation gelang es einem Eindringling, die Herrschaft an sich zu reißen. Im Jahr 730 v. Chr. drang der Nubierkönig Pianchi weit nach Ägypten vor und eroberte auf seinem Weg alle bedeutenden Städte. In früheren Jahrhunderten war Nubien eine Provinz und ein Handelsvorposten

GRÄBER IN TANIS
Die Könige der XXI. Dynastie wurden in Tanis im Nildelta bestattet. Einige lagen in Särgen von ehemaligen Königen des Neuen Reiches. Das lässt vermuten, dass das Tal der Könige nun auch von offizieller Seite geplündert wurde.

DIE GOLDENEN DREI
Diese herrlichen drei Goldstatuetten von Horus, Osiris und Isis wurden für Osorkon III. angefertigt und stammen aus Tanis.

MASKE VON SCHESCHONK II.
Diese goldene Totenmaske von Scheschonk II. gehört zu den schönsten Fundstücken aus Tanis. Trotzdem ist sie bei Weitem nicht so gut gearbeitet wie die von Tutanchamun.

ZAUBERKRAFT
Dieses Amulett wurde
am Gebel Barkal, dem
Kultzentrum Amuns in
Nubien, gefunden. Es
vereint verschiedene
magische Symbole,
darunter das Lebens-
zeichen Ankh, ein
hundsköpfiges Zepter und
den Gott Heh (s. oben),
der für das ewige Leben
steht.

von Ägypten gewesen. Die beträchtlichen Schätze dieses Landes waren in die Staatskassen der Pharaonen geflossen. Doch nun war Nubien eine eigenständige Macht mit der Hauptstadt Napata, die zwischen dem dritten und vierten Katarakt lag. Mittlerweile war es stark genug, die einstigen Herren zu besiegen und Ägypten selbst zu erobern.

So kam es, dass Pianchi der erste Pharao der XXV. Dynastie (747–656 v. Chr.) wurde, die fast

PYRAMIDEN VON MEROË
In Nubien stehen die
Überreste von mehr als
hundert Pyramiden.
Die ersten entstanden um
700 v. Chr. in Napata, als
die nubischen Könige
Ägypten regierten. Um
300 v. Chr. wurde Meroë
Hauptstadt und dieses
Pyramidenfeld entstand.

100 Jahre über Ägypten herrschen sollte. Seit dem Neuen Reich hatten die Nubier Amun als ihren Hauptgott verehrt. Pianchi und seine Nachfolger bemühten sich nach Kräften, Amuns Ansehen in Ägypten wieder zu stärken und die einstige Größe des Landes wieder aufleben zu lassen.

Die nubischen Pharaonen regierten von Memphis aus, dem früheren Kultzentrum, und verehrten die alten Götter. Sie trugen die Kronen und Königsinsignien der ägyptischen Pharaonen und ließen sich ebenfalls mumifiziert bestatten. Die Nubier begannen sogar wieder, Pyramiden zu bauen, wenn auch kleinere und steilere als die früheren. Selbst die Kunst des Alten Reiches ließen sie wieder aufleben. Indem sie an die Vergangenheit anknüpften, sollte Ägypten seine Identität wiederfinden. Doch auch diese Phase sollte nicht lange dauern.

Um 700 v. Chr. besaß das gefürchtete Reich der Assyrer eine Vormachtstellung im Mittleren Osten. Es reichte vom Persischen Golf im Osten bis nach Palästina im Westen und wartete nur darauf, in Ägypten einzufallen. Als sich

PRIESTER
Auch in Nubien gewannen die Amun-Priester so viel Macht, dass sie wie in Theben eine eigene Dynastie von Priesterkönigen gründeten.

die Palästinenser gegen ihre verhassten Besatzer erhoben, entsandte der nubische Pharao Schebitku eine Armee, um die Aufständischen zu unterstützen. Sie wurde besiegt, doch das sollte nicht der letzte ägyptische Feldzug gegen die Assyrer gewesen sein.

Schließlich fielen die Assyrer in Ägypten ein. Der erste Angriff wurde zurückgeschlagen, doch bei einem zweiten Versuch 671 v. Chr. eroberten sie Memphis und vertrieben den Pharao. 664 v. Chr. überfielen sie Theben, verwüsteten den Amun-

GROSSER TAHARKA
Diese Uschebti-Figur gehörte dem großen nubischen Pharao Taharka. Von seinem Palast in Memphis blickte er auf die Pyramiden von Giseh. Sie haben ihm sicher als Vorbild für seine Pyramide bei Napata gedient.

Das Assyrische Reich

Unter den Assyrern wurde der Nahe Osten erstmals in einem Staat geeint. Ursprünglich lebten sie in den Hügeln am Fluss Tigris im heutigen Nordirak. Im 9. Jh. v. Chr. begannen sie, im Namen ihren Hauptgottes Assur mit der Eroberung der umliegenden Reiche. Ihre Armeen zerstörten rücksichtslos alle Städte, die auf ihrem Weg lagen, darunter auch Theben, und verschleppten die besiegten Völker als Sklaven. Ein gut organisiertes Verwaltungssystem presste den eroberten Ländern hohe Tributzahlungen ab. Um 612 v. Chr. wurde das Reich zu groß, um es noch kontrollieren zu können. Meder und Babylonier vernichteten es.

Das Assyrische Reich um 612 v. Chr.

Map labels: Mittelmeer, Ninive, Damaskus, Babylon, Jerusalem, Memphis, Persischer Golf, Theben

PSAMMETICH I.
Psammetichs Mumie hat die Zeit überdauert. Er verjagte die Assyrer aus Ägypten, wollte sie aber nicht vernichten. Ein Machtvakuum hätte Ägypten nur geschadet.

Tempel und zwangen die nubischen Pharaonen zum Rückzug in ihr Land. Nun herrschten die Assyrer von ihrer Hauptstadt Ninive aus über Ägypten. Irgendwann setzten sie den ägyptischen Fürsten Psammetich als ihren Statthalter ein. Damit begann die so genannte Spätzeit. 2500 Jahre sollten vergehen, bis wieder ein Ägypter das Land regierte.

Psammetich erwies sich als schlechter Diener seiner assyrischen Herren und organisierte einen erfolgreichen Aufstand. Er konnte seine Macht sogar auf den Rest des Landes ausdehnen. Die von ihm begründete XXVI. Dynastie ließ die frühere Macht Ägyptens wieder ein bisschen aufleben. Die saïtischen Pharaonen, wie sie nach Saïs, ihrer früheren Hauptstadt im Nildelta, genannt wurden, bauten eine Reihe von Festungen und Garnisonsstädten zur Verteidigung des befreiten Ägypten und kämpften sogar im Osten. Als das Assyrische Reich 612 v. Chr. zusammen-

SCHICKSAL
Auf diesem Relief kniet ein besiegter hebräischer König vor den assyrischen Herren. Schon bald sollte Ägypten dasselbe Schicksal ereilen.

brach, gelang es den Ägyptern sogar, in Palästina einzumarschieren und es zu besetzen.

Unter den Saïten florierte der Handel, und Ägypten erlebte noch einmal eine Blütezeit. Die Pharaonen legten eine rege Bautätigkeit an den Tag. Sie erweiterten und restaurierten Kultstätten in Memphis, Karnak und anderswo. Die Kunst dieser Zeit kann sich mit der jeder anderen Epoche messen. Es war, als wollte das Land noch einmal alle seine Kräfte zusammennehmen, bevor es endgültig unterging.

Denn nun brachen andere fremde Eroberer über Ägypten herein: die Perser. In gerade einmal 20 Jahren hatten die Perser das größte Reich geschaffen, das die Welt je gesehen hatte. Es reichte vom Schwarzen bis zum Roten Meer und im Osten bis nach Afghanistan und an den Indus. 525 v. Chr. gelang es dem persischen König Kambyses, auch Ägypten zu erobern.

Mithilfe von Provinzstatthaltern, den so genannten Satrapen, herrschten die Perser die nächsten 150 Jahre über Ägypten. Sie respektierten die ägyptischen Sitten, gaben sich ägyptische Königsnamen und bildeten damit die XXVII. Dynastie. Trotzdem haben die meisten Ägypter die neuen Fremdherrscher verabscheut: Es kam zu mehreren Aufständen, die allesamt blutig niedergeschlagen wurden. Schließlich gelang es den Ägyptern Anfang des 5. Jhs. v. Chr. unter einem Prinzen von Saïs namens Amyrtaios ihre Unabhängigkeit wiederzuerlangen. Er begründete die XXVIII. Dynastie (404–399 v. Chr.), deren einziger König er blieb. Auf Amyrtaios folgten zwei weitere Dynastien einheimischer Pharaonen.

DIE UNSTERBLICHEN PERSER
Dieser Fries aus glasierten Tonziegeln stammt aus dem Palast des Perserkönigs Darius und zeigt einen Soldaten der Eliteeinheit „Die unsterbliche Garde". Sie bestand aus genau 10 000 Mann. Wenn einer starb, wurde er sofort ersetzt.

KOPF NEKTANEBOS
Nektanebo I., Gründer der XXX. Dynastie, vertrieb eine Armee aus Griechen und Persern aus Ägypten. In den 18 Jahren seiner Regierung ließ er viele verfallene Tempel restaurieren.

Die XXIX. und XXX. Dynastie hielten sich mit ihren fünf Pharaonen etwas mehr als 60 Jahre (399–343 v. Chr.). Sie bauten Tempel und Gräber und führten damit das Werk ihrer großen Vorfahren fort. Trotzdem ist diese Epoche ein eher düsteres Kapitel in der ägyptischen Geschichte. Sie war geprägt von Komplotten und Verschwörungen, Familienstreitigkeiten und Blutfehden. Die Pha-

TRIBUT AN PERSIEN
Auf diesem Relief sind Untertanen dargestellt, die den Persern Geschenke bringen. Jedes Jahr entsandte Ägypten Tributzahlungen in die persische Hauptstadt Persepolis.

ALEXANDER DER GROSSE
Alexander – hier mit seinem legendären Pferd Bukephalos – wollte mit seinem Krieg gegen die Perser ewigen Ruhm erlangen.

raonen heuerten Söldner für ihre Armee an und betrieben eine riskante Außenpolitik, indem sie sich mit Persiens Feinden verbündeten. Im Jahr 343 v. Chr. stellte sich Nektanebo II. an die Spitze einer großen Armee, zu der auch 20 000 griechische Söldner gehörten und nahm es mit den Persern unter König Artaxerxes III. auf. Die Perser siegten bei

Pelusium, einer Festung im östlichen Nildelta, und drangen bis nach Memphis vor. Nektanebo floh nach Nubien, anschließend hat man nie wieder etwas von ihm gehört. Er war der letzte ägyptische Pharao, der über das Land herrschte.

Die zweite Perserherrschaft dauerte nur elf Jahre. Danach wurden die Perser von Alexander dem Großen aus Ägypten vertrieben und vernichtend geschlagen. Vier Jahre zuvor – Alexander war damals gerade einmal 20 Jahre alt – war er seinem Vater auf den Thron von Makedonien in Nordgriechenland gefolgt. Kurz darauf marschierte er in Persien ein. Er eroberte Kleinasien und Syrien und besiegte den Perserkönig in offener Schlacht. 332 v. Chr. erreichte er schließlich Ägypten und wurde dort als ruhmreicher Held gefeiert.

Während seines kurzen Aufenthalts in Ägypten reiste Alexander auch zur Oase von Siwa in der westlichen Wüste, um das Orakel des Amun (eine Statue, durch die der Gott sprach) zu befragen. Das Orakel ent-

DAS ORAKEL VON SIWA
Siwa ist von Wüste und Salzseen umgeben. Die Reise zum Orakel war lang und gefährlich.

GOTTESSOHN
Alexander wurde als Sohn des Amun verehrt. Das schmeichelte ihm, denn er hatte sich schon immer als etwas Besonderes gefühlt.

Der Leuchtturm von Pharos

Alexanders Nachfolger Ptolemaios Soter begann 299 v. Chr. mit dem Bau des großen Leuchtturms von Alexandria. Er war das letzte der sieben Weltwunder der Antike. Der Turm, eine architektonische Meisterleistung, ragte 124 Meter in die Höhe. An seiner Spitze befand sich eine offene Feuerkammer, in der die Flammen von riesigen Spiegeln verstärkt wurden. Über eine spiralförmige Rampe brachten Pferde jeden Tag Tonnen von Brennholz nach oben, damit das Feuer nie ausging. Der Leuchtturm wurde 1700 Jahre später von einem Erdbeben zerstört.

Der Luftzug in der offenen Feuerkammer hielt die Flamme am Brennen.

Der Mittelteil war achteckig.

Der Turm bestand aus mit Marmor verkleideten Granitblöcken.

hüllte ihm, dass er der rechtmäßige Pharao Ägyptens sei. Daraufhin gründete der
junge, selbstbewusste Held die erste einer
Reihe von Städten, die alle seinen
Namen trugen: Alexandria. Kurz
darauf verließ er das Land und schuf
ein eigenes riesiges Reich. Einer
Legende zufolge soll er kurz vor seinem
Tod 323 v.Chr. verlangt haben, in Siwa
bestattet zu werden. Sein Grab wurde allerdings nie gefunden.

Nach Alexanders Tod zerfiel sein Reich. Einer seiner makedo-
nischen Generäle, Ptolemaios, ernannte sich zum Herrscher über
Ägypten und begründete die Dynastie der Ptolemäer, die beinahe 300 Jahre regieren sollte (305–30 v.Chr.). Die Ptolemäer
übernahmen viele Sitten der Ägypter, führten aber auch
griechisches Gedankengut ein. Unter ihrer Herrschaft entwickelte sich Alexandria zur größten und wohlhabendsten
Stadt am Mittelmeer, die als wichtiges Zentrum griechischer
Wissenschaft und Kultur berühmt wurde.

Die kluge und schöne Königin Kleopatra VII. war die letzte
Ptolemäerin. Sie war fest entschlossen, Ägyptens Unabhängigkeit gegen die neueste Bedrohung aus der mediterranen Welt

zu verteidigen: gegen Rom. Die einst kleine Republik war ein mächtiges Großreich geworden, das ein Auge auf Ägypten geworfen hatte. Doch am Ende waren alle Anstrengungen Kleopatras, Rom in Schach zu halten, vergebens. Als römische Truppen 30 v. Chr. in Alexandria einmarschierten, beging sie Selbstmord.

Nach Kleopatras Tod wurde Ägypten zur Schatz- und Kornkammer Roms. Das fruchtbare Niltal stellte die Ernährung seiner wachsenden Bevölkerung sicher. Jedes Jahr wurden Tonnen von ägyptischem Getreide über das Mittelmeer verschifft. Die Römer gründeten viele neue Städte in Ägypten, das sich wieder in ein blühendes Land verwandelte. Doch obwohl die römischen Kaiser einige Tempel im ägyptischen Stil errichteten, wurden die neuen Städte nach römischem Vorbild mit Forum, gepflasterten Straßen, öffentlichen Bädern und Amphitheatern angelegt.

Nun spazierten römische Soldaten durch die Ruinen von Ägyptens ruhmreicher Vergangenheit und kamen aus dem Staunen kaum noch heraus. Die riesigen Tempel und Bauwerke waren tausende von Jahren vor ihrer Ankunft errichtet worden. Welche großartige Zivilisation war hier am Werk gewesen? Welche Herrscher hatten solch massive Grabmäler errichtet? Welches Volk hatte in so enger Beziehung zum Jenseits gelebt? Kein Wunder, dass uns die alten Ägypter bis heute faszinieren und unsere Fantasie anregen.

EWIGE GRÖSSE
Diese Trümmer einer Kolossalstatue von Ramses II. liegen im Hof seines Tempels. Obwohl die Tempel nur noch Ruinen sind, führen sie uns doch die einstige Größe Ägyptens vor Augen.

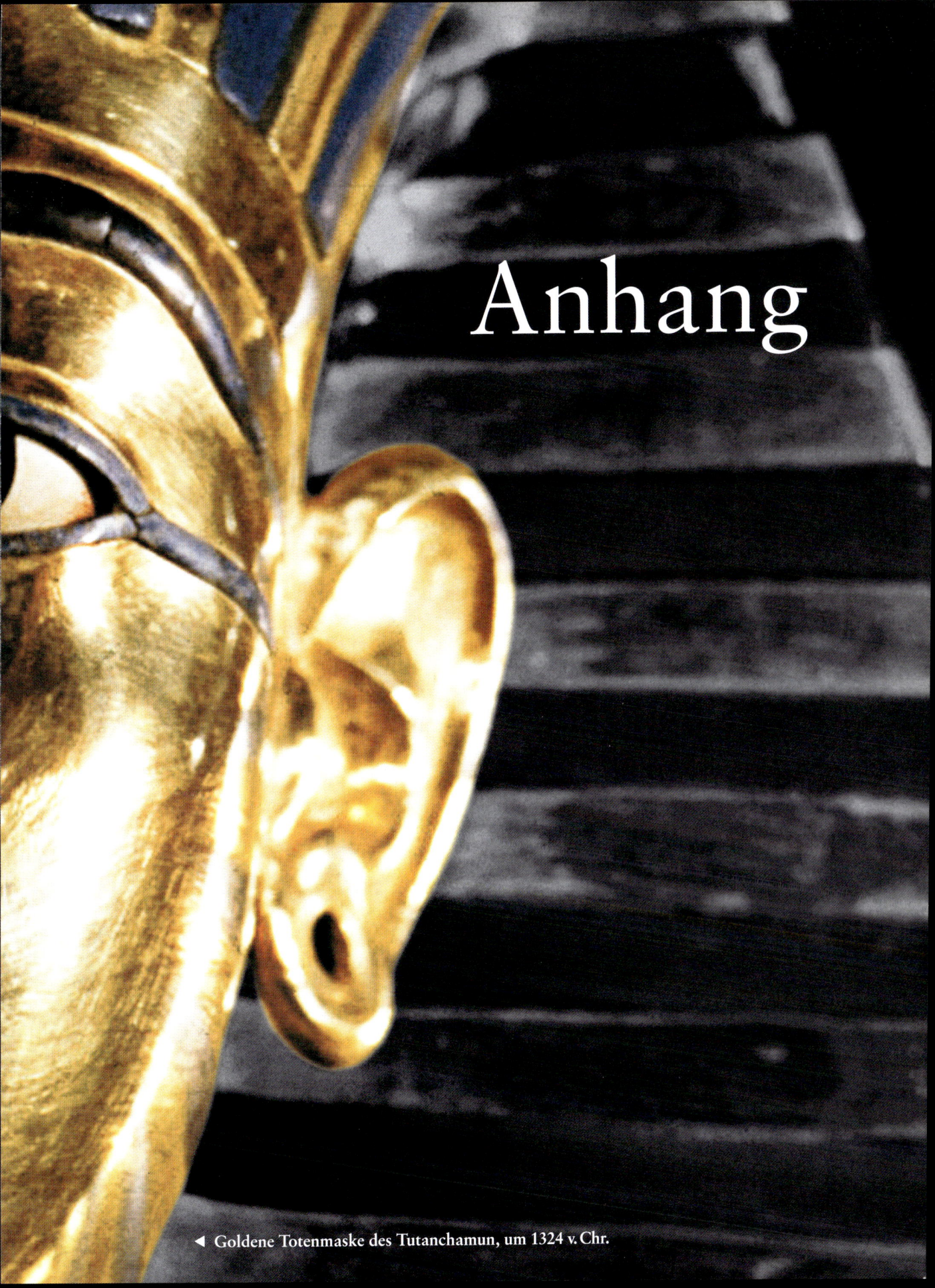

Anhang

◄ Goldene Totenmaske des Tutanchamun, um 1324 v. Chr.

Spurensuche

UNSER WISSEN ÜBER DAS ALTE ÄGYPTEN stammt aus verschiedenen Quellen. Wir kennen Augenzeugenberichte von antiken Geschichtsschreibern und Funde von Archäologen, die Auskunft über die Vergangenheit geben. Wissenschaftler konnten die Hieroglyphen, die Schrift der alten Ägypter entschlüsseln. Wieder andere nutzen moderne Technologien, um die alten Funde genauer zu untersuchen, darunter auch Mumien.

Augenzeugenberichte

Der griechische Geschichtsschreiber Herodot reiste im 5. Jahrhundert v.Chr. nach Ägypten. Da er selbst kein Ägyptisch sprach, musste er sich vieles von Einheimischen übersetzen lassen. Später zeichnete er seine Beobachtungen auf und schilderte das Land der Pharaonen auf sehr persönliche Weise.

Marmorbüste Herodots

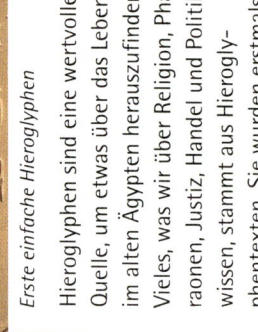

Hieroglyphen

Erste einfache Hieroglyphen

Hieroglyphen sind eine wertvolle Quelle, um etwas über das Leben im alten Ägypten herauszufinden. Vieles, was wir über Religion, Pharaonen, Justiz, Handel und Politik wissen, stammt aus Hieroglyphentexten. Sie wurden erstmals im 4. Jahrtausend v.Chr. verwendet, um Königslisten anzulegen. 1832 gelang es, sie zu entziffern. Anhand ihres Stils und anderer Merkmale können Sprachwissenschaftler häufig auf ihre Entstehungszeit schließen.

Rosette

Alexandria

Heliopolis
Kairo
Gizeh
Abusir
Sakkara
Memphis
Meidum
Hawara
Ahnas
(Herakleopolis)

UNTER-
ÄGYPTEN

Ein Archäologe beim Öffnen eines Grabes.

Archäologie

Archäologen suchen an historischen Stätten nach Spuren aus der Vergangenheit. Für sie sind nicht nur Gräber und Schätze interessant. Auch der Müll, den die Menschen früher weggeworfen haben, kann uns viel über ihren damaligen Alltag verraten. Fundamente von Gebäuden geben Aufschluss über antike Stadtpläne.

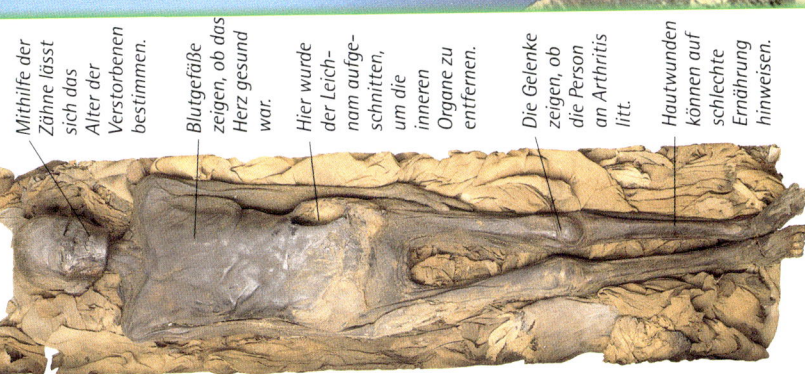

Mithilfe der Zähne lässt sich das Alter der Verstorbenen bestimmen.

Blutgefäße zeigen, ob das Herz gesund war.

Hier wurde der Leichnam aufgeschnitten, um die inneren Organe zu entfernen.

Die Gelenke zeigen, ob die Person an Arthritis litt.

Hautwunden können auf schlechte Ernährung hinweisen.

Mumie einer Frau, um 600 v. Chr.

Mumien

Die Ägypter gaben sich große Mühe bei der Mumifizierung ihrer Toten. Die Mumien verraten uns viel über Ernährung, Krankheiten und Umweltbedingungen vor tausenden von Jahren. Die Zähne dieser Frau sind vom Kauen des dicken, sandigen Brotes stark abgenutzt. Wissenschaftler können sogar die Pflanzenöle bestimmen, mit denen sie zu Lebzeiten ihre Haut einsalbte.

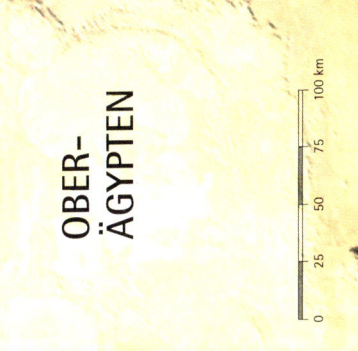

OBER-ÄGYPTEN

Abydos

Dendera

Luxor (Theben)

Hierakonpolis

Edfu

Assuan

Elephantine

Philae

Abu Simbel

0 25 50 75 100 km

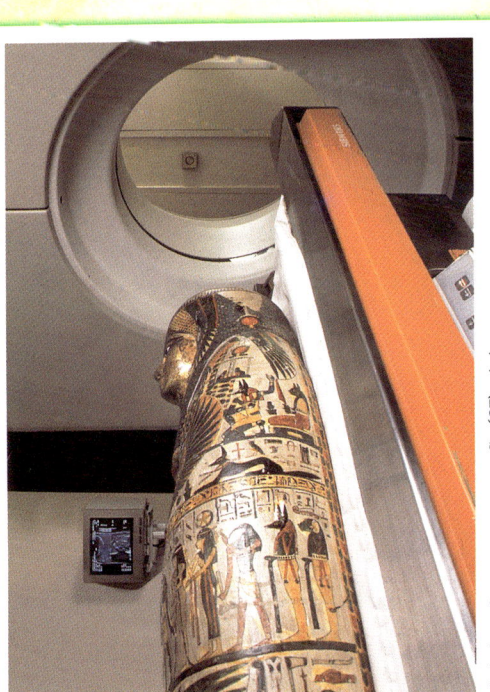

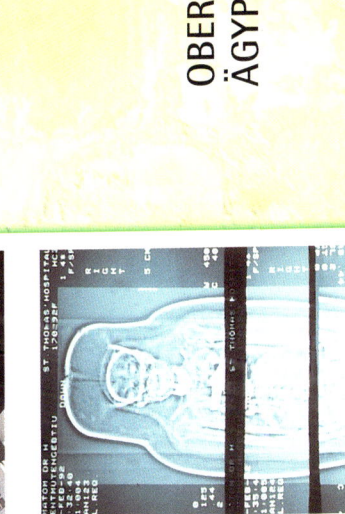

Bei einer Computertomografie (CT) wird die Mumie von allen Seiten geröntgt.

Moderne Technik

Heute brauchen wir Mumien nicht mehr aufzuschneiden und zu zerstören, um etwas über sie herauszufinden. Röntgenaufnahmen zeigen uns das Skelett und die in den Leinenbinden versteckten Schätze. CT-Aufnahmen erstellen ein dreidimensionales Bild der Mumie. Darauf kann man sehen, ob Organe entfernt wurden oder woran der Mensch gestorben ist. An einem Stück Haut, dem wieder Feuchtigkeit zugeführt wird, kann eine DNA-Analyse durchgeführt werden, die Verwandtschaftsbeziehungen aufzeigt. Die Radiokarbon-Methode hilft bei der Altersbestimmung.

Röntgenaufnahmen zeigen das Skelett der Mumie und die Form des Sarges.

Die Pharaonen

DIE ÄGYPTER BEGANNEN mit jedem Pharao eine neue Zeitrechnung und setzten alle Ereignisse in Beziehung zum Regierungsjahr des amtierenden Königs. Der ptolemäische Gelehrte Manetho teilte sie erstmals in Dynastien ein. Die hier aufgeführten Daten sind ungefähre Zeitangaben.

Frühdynastische Zeit (3100–2686 v. Chr.)

I. Dynastie (3100–2890 v. Chr.)
Narmer eint Ägypten und begründet die ägyptische Zivilisation.

Narmer	3100
Aha	3100
Djer	3000
Djet	2980
Den	2950
Anedjib	2925
Semerchet	2900
Kaa	2890

II. Dynastie (2890–2686 v. Chr.)
Der Bau monumentaler königlicher Gräbmäler aus Stein beginnt.

Hetepsechemui	2890
Raneb	2865
Ninetjer	
Weneg	
Sened	
Peribsen	2700
Chasechemui	2686

Erste Zwischenzeit (2181–2055 v. Chr.)

VII. und VIII. Dynastie (2181–2125 v. Chr.)
In diesen unruhigen Zeiten gab es zahlreiche minderjährige oder nur sehr kurz regierende Pharaonen, von denen wir nur wenig wissen. Ihre Macht wurde so stark geschwächt, dass mehrere regionale Dynastien entstehen konnten.

IX. und X. Dynastie (2160–2055 v. Chr.) in Herakleopolis
Cheti
Merykare
Iti

XI. Dynastie (nur in Theben)
Antef I.	2125–2112
Antef II.	2112–2063
Antef III.	2063–2055

Mittleres Reich (2055–1650 v. Chr.)

XI. Dynastie (2055–1985 v. Chr.)
Ägypten wird wieder vereinigt. Grenzen werden gesichert. Kunst und Handel florieren.

Mentuhotep I.	2055–2004
Mentuhotep II.	2004–1992
Mentuhotep III.	1992–1985

Kalksteinstatue von Mentuhotep I.

XII. Dynastie (1985–1795 v. Chr.)
Pyramiden und andere Bauvorhaben kurbeln die Wirtschaft an.

Amenemhet I.	1985–1955
Sesostris I.	1965–1920
Amenemhet II.	1922–1878
Sesostris II.	1880–1874
Sesostris III.	1874–1855
Amenemhet III.	1855–1808
Amenemhet IV.	1808–1799
Neferusobek*	1799–1795

Neues Reich (1550–1069 v. Chr.)

XVIII. Dynastie (1550–1295 v. Chr.)
Ägypten wird Großmacht im Mittleren Osten. Kultur und Handel florieren. Diese Epoche endet mit religiösen Unruhen.

Amosis	1550–1525
Amenophis I.	1525–1504
Thutmosis I.	1504–1492
Thutmosis II.	1492–1479
Thutmosis III.	1479–1425
Hatschepsut*	1473–1458
Amenophis II.	1427–1400
Thutmosis IV.	1400–1390
Amenophis III.	1390–1352
Echnaton	1352–1336
Semenchkare	1338–1336
Tutanchamun	1336–1327
Eje	1327–1323
Haremhab	1323–1295

Goldene Totenmaske von Tutanchamun

XIX. Dynastie (1295–1186 v. Chr.)
Strenge Herrschaft und massive Bautätigkeit. Letzte wahrhaft große Dynastie.

Ramses I.	1295–1294
Sethos I.	1294–1279
Ramses II.	1279–1213
Merneptah	1213–1203
Amenmesse	1203–1200
Sethos II.	1200–1194
Siptah	1194–1188
Tausret*	1188–1186

Mumie von Ramses II.

XX. Dynastie (1186–1069 v. Chr.)
Niedergang der königlichen Macht, schließlich übernehmen Amun-Priester die Herrschaft über Südägypten.

Sethnacht	1186–1184
Ramses III.	1184–1153
Ramses IV.	1153–1147
Ramses V.	1147–1143
Ramses VI.	1143–1136
Ramses VII.	1136–1129
Ramses VIII.	1129–1126
Ramses IX.	1126–1108
Ramses X.	1108–1099
Ramses XI.	1099–1069

Spätzeit (747–332 v. Chr.)

XXVI. Dynastie (672–525 v. Chr.) (Saïten)
Assyrer überfallen Ägypten und werden von Psammetich I. wieder vertrieben.

Necho I.	672–664
Psammetich I.	664–610
Necho II.	610–595
Psammetich II.	595–589
Apries	589–570
Amasis	570–526
Psammetich III.	526–525

XXVII. Dynastie (525–359 v. Chr.)
Der Zusammenbruch des assyrischen Reiches schafft ein Machtvakuum. Perser dringen ein und begründen ihre Dynastie.

Kambyses	525–522
Darius I.	522–486
Xerxes I.	486–465
Artaxerxes I.	465–424
Darius II.	424–405
Artaxerxes II.	405–359

XXVIII. Dynastie (404–um 380 v. Chr.)
Unter Amyrtaios können sich die Ägypter von den Persern befreien.

Amyrtaios	404–399

XXIX. Dynastie (399–380 v. Chr.)
Familie einheimischer Könige

Nepherites I.	399–393
Achoris	393–380
Nepherites II.	um 380

XXX. Dynastie (380–343 v. Chr.)
Erneuter Einmarsch der Perser. Nektanebo II. ist der letzte ägyptische König.

Nektanebo I.	380–362
Teos	362–360
Nektanebo II.	360–343

Kopf von Nektanebo I. aus Schiefer

Altes Reich (2686–2181 v. Chr.)

III. Dynastie (2686–2613 v. Chr.)
*Unter Djoser wird die Stufen-
pyramide in Sakkara gebaut.*

Sanacht	2686–2667
Djoser	2667–2648
Sechemchet	2648–2640
Chaba	2640–2637
Huni	2637–2613

IV. Dynastie (2613–2494 v. Chr.)
*Die Pyramiden von Giseh werden
errichtet.*

Snofru	2613–2589
Cheops	2589–2566
Djedefre	2566–2558
Chephren	2558–2532
Mykerinos	2532–2503
Schepseskaf	2503–2494

*Die Pyramiden von Giseh,
erbaut in der IV. Dynastie*

V. Dynastie (2494–2345 v. Chr.)
*Bau der ersten Sonnentempel.
Entstehung der Pyramidentexte.*

Userkaf	2494–2487
Sahure	2487–2475
Neferirkare	2475–2455
Schepseskare	2455–2448
Neferefre	2448–2445
Niuserre	2445–2421
Menkauhor	2421–2414
Djedkare	2414–2375
Unas	2375–2345

VI. Dynastie (2345–2181 v. Chr.)
*Gaufürsten gewinnen an Macht.
Die Herrschaft des Pharaos ist
geschwächt.*

Teti	2345–2323
Userkare	2323–2321
Pepi I.	2321–2287
Merenre	2287–2278
Pepi II.	2278–2184
Nitocris*	2184–2181

* steht für weibliche Pharaonin

Zweite Zwischenzeit (1650–1550 v. Chr.)

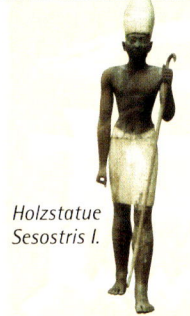

*Holzstatue
Sesostris I.*

XIII. Dynastie (1795–um 1725 v. Chr.)
*Zehn minderjährige Könige
herrschen etwa 70 Jahre lang.
Die Geschichte liegt im
Dunkeln.*

XIV. Dynastie (1750–1650 v. Chr.)
*Minderjährige Könige, die
vermutlich gleichzeitig mit der
XIII. Dynastie regieren.*

XV. Dynastie (1650–1550 v. Chr.)
*Dynastie der Hyksos. Pferde und
Streitwagen erstmals im Kriegs-
einsatz.*

Salitis	
Chijaran	c.1600
Apopi	c.1555
Chalmudi	

XVI. Dynastie (1650–1550 v. Chr.)
*Minderjährige Könige regieren
Teile Ägyptens mit Zustimmung
der Hyksos.*

XVII. Dynastie (1650–1550 v. Chr.)
*Die Könige von Theben organi-
sieren einen Aufstand gegen die
Hyksos und vertreiben sie aus
Ägypten.*

Antef	
Ta I.	
Sekenenre Tao II.	um 1560
Kamose	1555–1550

Dritte Zwischenzeit (1069–715 v. Chr.)

XXI. Dynastie (1069–945 v. Chr.)
*Pharaonen regieren in Tanis im
Nildelta. Priester herrschen über
Südägypten.*

Smendes	1069–1043
Amenemnesu	1043–1039
Psusennes I.	1039–991
Amenemope	993–984
Osorkon	984–978
Siamun	978–959
Psusennes II.	959–945

*Silbersarg von
Psusennes I.
aus Tanis*

XXII. Dynastie (945–715 v. Chr.)
*Dynastie libyscher Könige, die
erst in der Armee aufstieg und
dann an die Macht gelangte.*

Scheschonk I.	945–924
Osorkon I.	924–889
Scheschonk II.	um 890
Takelot I.	889–874
Osorkon II.	874–850
Takelot II.	850–825
Scheschonk III.	825–773
Pimai	773–767
Scheschonk V.	767–730
Osorkon IV.	730–715

XXIII. Dynastie (818–715 v. Chr.)
*Verschiedene Herrscherfamilien
in Herakleopolis Magna, Her-
mopolis Magna, Leontopolis
und Tanis, darunter die folgenden:*

Pedubastis I.	818–793
Scheschonk IV.	um 780
Osorkon III.	777–749

XXIV. Dynastie (727–715 v. Chr.)
*Koalition von Königen aus dem
Norden, die versucht, den wach-
senden nubischen Einfluss im
Süden zu begrenzen.*

Bokchoris	727–715

Spätzeit

XXV. Dynastie (747–656 v. Chr.)
*Nubische Könige erobern Ägyp-
ten und herrschen als Pharaonen.*

Pianchi	747–716
Schabaka	716–702
Schebitku	702–690
Taharka	690–664
Tanuatamun	664–656

*Dienerfigur
(Uschebti)
aus dem
Grab des
Taharka*

Ptolemäerzeit (332–30 v. Chr.)

Zweite Perserherrschaft (343–332 v. Chr.)
*Perser herrschen noch einmal für
elf Jahre über Ägypten, bevor Alexander der Große sie vernichtet.*

Artaxerxes III.	
Ochus	343–338
Arses	338–336
Darius III.	
Chabbasch	336–332

Makedonische Dynastie (332–305 v. Chr.)
*Alexander der Große wird zum Pha-
rao und göttlichen Befreier erklärt.*

Alexander der Große	332–323
Philippos Arrhidaios	323–317
Alexander IV.	317–305

*Marmor-
büste der
Kleopatra*

Ptolemäische Dynastie (305–80 v. Chr.)

Ptolemaios I.	305–285
Ptolemaios II.	285–246
Ptolemaios III.	246–221
Ptolemaios IV.	221–205
Ptolemaios V.	205–180
Ptolemaios VI.	180–145
Ptolemaios VII.	145
Ptolemaios VIII.	170–116
Ptolemaios IX.	116–107
Ptolemaios X.	107–88
Ptolemaios XI.	88–80

Ptolemäische Dynastie (80–30 v. Chr.)
*Die griechische Herrschaft über
Ägypten endet mit dem Tod
Kleopatras.*

Ptolemaios XI.	80
Ptolemaios XII.	80–51
Kleopatra VII.*	51–30
Ptolemaios XIII.	51–47
Ptolemaios XIV.	47–44
Ptolemaios XV.	44–30

30 v. Chr. wird Ägypten eine
Provinz des Römischen Reiches.

Die Götter

IN DEN 3000 JAHREN ihrer Geschichte haben die alten Ägypter mehr als 2000 Götter verehrt. Die meisten haben sich sowohl von ihrem Charakter als auch von ihrem Aussehen her über die Jahrhunderte gewandelt. Auch ihre Bedeutung war nicht zu allen Zeiten gleich groß. Hier einige der wichtigsten Gottheiten:

Re
Re, der Sonnengott, repräsentierte die Sonne und das Königtum. Später wurde er mit Amun zu Amun-Re und mit Horus zu Re-Harachte (*links*) vereint.

Chnum
Der widderköpfige Gott Chnum gebietet über die gefährlichen Nilstromschnellen. Auf sein Wort hin erhob sich der Gott Hapi und überflutete das Land.

Geb
Der Legende nach haben der Erdgott Geb und seine Gemahlin, die Himmelsgöttin Nut, die Sonne geschaffen. Eine Gans ist die Hieroglyphe für Gebs Namen.

Ptah
Ptahs Kultzentrum lag in Memphis. Die dortigen Priester behaupteten, er sei der höchste Gott, der die anderen durch das Aussprechen ihrer Namen erschaffen habe.

Anubis
Der schakalköpfige Anubis war der Gott des Todes und der Mumifizierung. Er überwachte die Einbalsamierung und die zahlreichen Bestattungsriten.

Nephthys
Sie half ihrer Schwester Isis, den zerstückelten Körper des Osiris wieder zusammenzusetzen. Die Schwestern werden auf Särgen oft als Falkenpaar dargestellt.

Sobek
Der Krokodilgott war der Herr des Nils. Das Flusswasser war sein Schweiß. Die ihm geweihten Kultstätten entstanden an Orten, wo es viele Krokodilangriffe gab.

Horus   Isis   Osiris

Die Triade von Abydos
In manchen Gegenden wurden ganze Götterfamilien verehrt – die Triaden. In Abydos gehörten dazu Osiris, der Gott der Unterwelt, seine Gattin Isis, die Göttin der Natur und Fruchtbarkeit, und ihr Sohn Horus, der Gott des Lichts und des Lebens.

Die Triade von Theben
Der Hauptgott der Tempelanlage in Karnak in Theben war der Schöpfergott Amun, der für Fruchtbarkeit steht. Seine Gemahlin war Mut, was „Mutter" bedeutet. Sie wird manchmal mit Geierkrone gezeigt. Ihr Sohn Chons, der Mondgott, hat oft Mumiengestalt.

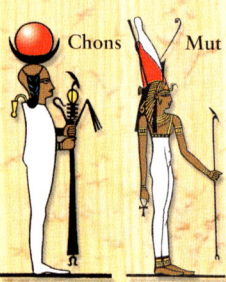

Chons   Mut

Amun

Gestalten der Maat
Viele Götter hatten zu verschiedenen Zeiten unterschiedliche Gestalten. Diese drei zeigen Maat, die Göttin der Gerechtigkeit, Wahrheit und Ordnung. Auf allen trägt sie die Feder der Wahrheit.

Seth
Seth war der Gott der Wüsten, der Stürme und des Chaos. Er wurde in Gestalt von Tieren dargestellt, die die Ägypter verabscheuten, wie Nilpferd, Affe oder Schwein.

Hathor
Die kuhköpfige Hathor war die Göttin der Liebe und der Fröhlichkeit. Auf Abbildungen trägt sie oft die Sonnenscheibe auf ihren Hörnern.

Thot
Als Schutzpatron der Schreiber sowie Gott der Weisheit und Schrift hielt man Thot für den weisesten aller Götter. Er war auch Mondgott und wurde als Ibis oder Pavian dargestellt.

Hieroglyphen

DIE ÄGYPTER SCHRIEBEN in *Hieroglyphen*, ein griechisches Wort, das „heilige Zeichen" bedeutet. Im Mittleren Reich benutzten Schreiber mehr als 750 Hieroglyphen. Es gab vier verschiedene Arten, die für Laute, Lautgruppen, ganze Wörter oder Ideen standen. In Zweifelsfällen entschied der Zusammenhang.

LAUTE UND ZEICHEN

Die 24 einfachsten Hieroglyphen (s. unten) standen für einzelne Laute. Die Ägypter nutzten Hieroglyphen überwiegend für Konsonanten, Vokale wurden nur selten eingefügt. Die unten abgebildeten Zeichen übertragen die Hieroglyphen grob in unser eigenes Alphabet. Es kostet Zeit, für jeden Laut ein eigenes Zeichen zu schreiben. Daher wurden die alphabetischen Hieroglyphen nur selten einzeln verwendet, sondern meist in Kombination mit Lautgruppen oder ganzen Wörtern.

A — Geier	**B** — Bein	**C** wie in Cent — gefalteter Stoff	**Ch** wie in Chips — Seil
D — Hand	**F** — Hornviper	**G** — Krugständer	**H** — gedrehter Docht
I — Schilfblatt	**J** wie in Jeans — Kobra	**K** — Korb	**L** — Löwe
M — Eule	**N** — Wasser	**O** — Lasso	**P** — Hocker
Q — Sandböschung	**R** — Mund	**S** — gefalteter Stoff	**T** — Brotlaib
Th wie in engl. that — Mutterkuchen	**V** — Hornviper	**W** — Wachtelküken	**S** — Türriegel

ÄGYPTISCHE ZAHLEN

1 Strich	Gezählt wurde in Zehnerschritten. Es gab je ein Symbol für 1, 10, 100, usw. Zählt man diese Symbole zusammen, ergibt sich die gewünschte Zahl.
10 Rinderhuf	
100 Seilschlinge	(9)
1000 Lotosblume	(27)
10000 Finger	
100000 Kaulquappe	(1200)
1000000 Gott hält den Himmel	(32 300)

Laute und Ideen

Die meisten alphabetischen Hieroglyphen wurden mit Zeichen für Lautgruppen oder mit „Ideenzeichen", die für ein ganzes Wort standen, kombiniert. An dieser Kartusche können wir sehen, wie das funktionierte. Die beiden letzten Zeichen bedeuten „S". Das mittlere Zeichen steht für die Lautgruppe „MS". Das erste Zeichen, eine Sonne, ist ein Ideenzeichen und steht für den Sonnengott Re. Ergänzen wir die fehlenden Vokale, erhalten wir den Königsnamen „Ramses".

RA   MS   S S

Besondere Zeichen

Einige Hieroglyphen stehen überhaupt nicht für Laute, sondern sollen die Bedeutung anderer Zeichen erklären. Sie werden Deutzeichen genannt. Man benutzte sie zum Beispiel, um klarzustellen, wer gerade spricht oder handelt. Anderen Zeichen wurden magische Kräfte zugeschrieben. Sie sollten Unheil abhalten. Wie die Deutzeichen besaßen sie keinen Lautwert.

Unheil abwehren *Schreiber malten manchmal Schlangen mit abgetrenntem Kopf auf die Särge. Das sollte das Gift der Schlange wirkungslos machen und den Toten schützen.*

Plural *Dieses Deutzeichen wurde immer hinzugefügt, wenn es sich um mehrere Dinge handelte.*

Mann und Frau *Diese Deutzeichen standen am Ende eines Namens und verrieten dem Leser, ob es sich bei der genannten Person um einen Mann (links) oder eine Frau (rechts) handelte.*

Mumifizierung

DIE ÄGYPTER GLAUBTEN, dass die Seele nach dem Tod ihren Körper im Grab sucht, um sich wieder mit ihm zu vereinen. Die Seele musste immer ein Zuhause haben. Damit sie ihren Körper auch wiedererkannte, musste dieser als Mumie so lebensecht wie möglich aufbewahrt werden.

So wurde mumifiziert

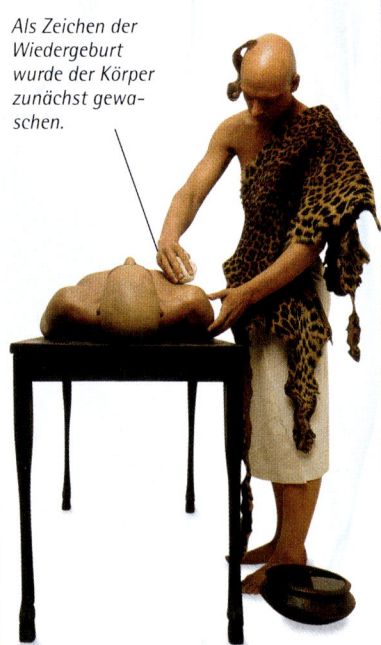

Als Zeichen der Wiedergeburt wurde der Körper zunächst gewaschen.

1. WASCHEN

Als Erstes wurde der Körper in das *ibu* (Reinigungszelt) gebracht und dort gewaschen. Das Wasser enthielt ein salziges Mineral namens Natron, das die Haut austrocknete und Bakterien abtötete. Diese Waschung wurde so schnell wie möglich nach Eintritt des Todes durchgeführt, damit der Konservierungsprozess nicht verzögert wurde.

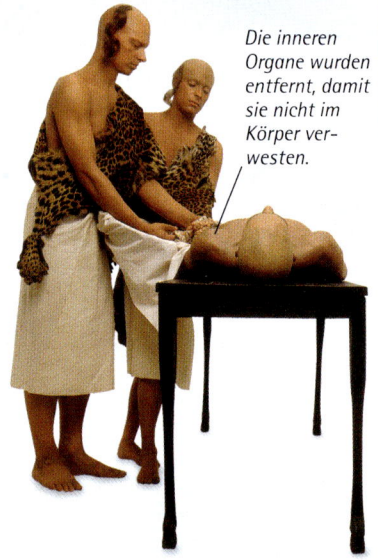

Die inneren Organe wurden entfernt, damit sie nicht im Körper verwesten.

2. ENTNAHME DER ORGANE

Einbalsamierer brachten den Körper dann in das *wabet* (Mumifizierungszelt) und entfernten das Gehirn. Auch die inneren Organe wurden über einen kleinen Schnitt an der Seite des Körpers entnommen und einzeln mumifiziert.

Das Natron verhinderte die Ausbreitung von Schimmel und Pilzen im Körper.

3. EINSALZEN DES KÖRPERS

Nun wurde die leere Körperhülle getrocknet. Die Einbalsamierer füllten den Körper mit Natron, um ihm die Feuchtigkeit zu entziehen und das Körperfett aufzulösen. Zum Schluss wurde er völlig mit Natron bedeckt und musste 40 Tage trocknen.

Duamutef, ein Schakal, schützte den Magen.

Kebehsenuef, ein Falke, schützte die Eingeweide.

Hapi, ein Pavian, schützte die Lunge.

Amset, menschenähnlich, schützte die Leber.

Die Aufbewahrung der inneren Organe

Die Balsamierer legten die inneren Organe in spezielle Behälter, so genannte Kanopen. Die Deckel der Gefäße waren geformt wie die Köpfe der jeweiligen Schutzgötter. Diese Götter sowie Zaubersprüche auf den Kanopen sollten die darin enthaltenen Organe schützen. Nur das Herz blieb im Körper zurück. Das brauchte der Verstorbene, wenn er den Göttern beim Totengericht gegenübertrat.

Mumifizierungsinstrumente

Um das Gehirn zu entfernen, benutzten die Einbalsamierer einen langen Haken, mit dem sie das Gehirn aus der Nase zogen. Das scharfe Messer wurde für den Schnitt an der linken Körperseite verwendet. Durch die so entstandene Öffnung konnten die inneren Organe vorsichtig entfernt werden, ohne den Körper allzu sehr zu verletzen.

Lange Haken zur Entfernung des Gehirns

Rituelles Messer mit Feuersteinklinge und Goldgriff

Das Gesicht von Ramses II. hat nur wenig von seiner Ausdruckskraft verloren.

PERFEKTIONIERUNG DER KUNST

Die Kunst der Mumifizierung wurde im Neuen Reich weiter verbessert. Dieses herrliche Beispiel zeigt die Mumie von Ramses II. (1279–1213 v. Chr.). Die Einbalsamierer gaben sich große Mühe, ihn so lebensecht wie möglich erscheinen zu lassen. Seine große Nase wurde mit Pfefferkörnern ausgestopft. Selbst Reste seines roten Haars sind noch vorhanden.

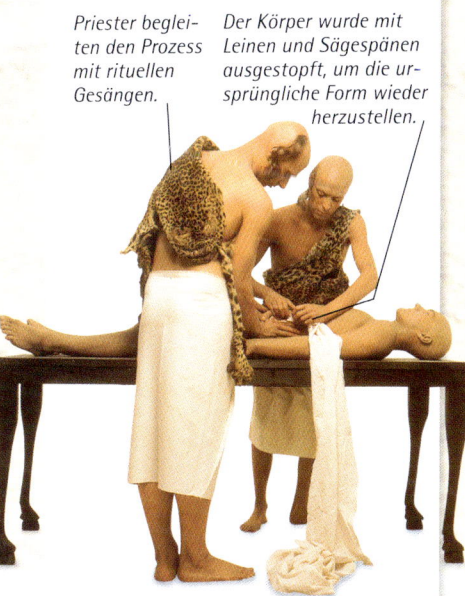

Priester begleiteten den Prozess mit rituellen Gesängen.

Der Körper wurde mit Leinen und Sägespänen ausgestopft, um die ursprüngliche Form wieder herzustellen.

4. EIN NATÜRLICHES AUSSEHEN

Nach 40 Tagen war der Körper ausgetrocknet. Jetzt machte man die Haut mit Ölen wieder geschmeidig, füllte die Augenhöhlen mit Leinen und schloss die Lider, um dem Toten ein schlafendes Aussehen zu verleihen. Die Öffnung zur Organentnahme wurde versiegelt.

5. IN DEN SARG

Schließlich wurde die Mumie mit Leinenbinden umwickelt, um die natürliche Körperform zu bewahren. Zwischen die Binden wurden Amulette gelegt, die die Mumie auf ihrer Reise ins Jenseits beschützen sollten. Dann war die Mumie bereit für den Sarg.

Manchmal trug die Mumie eine Maske, die als Zeichen des neuen Lebens grün bemalt war.

Holz war rar in Ägypten und so war der Sarg häufig aus vielen kleinen Brettern zusammengesetzt.

Glossar

Kursiv geschriebene Wörter haben einen eigenen Eintrag.

A

Abydos Alte Begräbnisstätte in Mittelägypten, wo die Könige der frühen *Dynastien* begraben wurden

Altes Reich Epoche der ägyptischen Geschiche vom Anfang der III. bis zum Ende der VI. Herrscherdynastie

Amarna Moderner Name für Achetaton, die in Mittelägypten gelegene neue Hauptstadt von *Pharao* Echnaton (1352–1336 v. Chr.) im *Neuen Reich*

Amulett Objekt, das als Glücksbringer oder zum Schutz gegen das Böse getragen wird

Ankh Hieroglyphe für das Wort „Leben". Sie ist geformt wie ein Kreuz mit einer Schleife.

Atef-Krone Hohe Federkrone, die die Pharaonen bei offiziellen Anlässen trugen

B

Ba Die Geistseele eines Menschen, die nach seinem Tod weiterlebt. Ba wurde oft als Vogel mit einem Menschenkopf dargestellt.

Barke Ein Boot, mit dem man im alten Ägypten den Nil befuhr und das Boot des Sonnengottes Re, mit dem er über den Himmel segelte

Benben-Stein Heiliger pyramidenförmiger Stein, der in Heliopolis als *Schöpfungshügel* verehrt wurde

Blaue Krone Große zwiebelförmige Kriegskrone, die von den *Pharaonen* des *Neuen Reiches* getragen wurde

D

Daschur *Pyramidenstätte* im Süden von *Memphis*, die von den Herrschern der IV. bis XII. *Dynastie* benutzt wurde

Deir el-Bahari Stätte mit den riesigen Tempeln von Mentu-hotep I. (XI. Dynastie) und Hatschepsut (XVIII. Dynastie) beim *Tal der Könige*

Deir el-Medina Dorf beim *Tal der Könige*, in dem die Bauarbeiter der Tempelanlage lebten

Delta Fruchtbares Gebiet in *Unterägypten*, in dem sich der Nil in mehrere Arme teilt, bevor er das Mittelmeer erreicht

Demotisch Ägyptische Kurzschrift, die sich aus dem *Hieratischen* entwickelte

Deschret Wörtlich „Rotes Land", altägyptischer Name für die Wüste, der von der Farbe des Sandes herrührt

Doppelkrone Eine Kombination aus *Weißer* und *Roter Krone*. Die *Pharaonen* trugen sie als Symbol ihrer Herrschaft über *Ober-* und *Unterägypten*.

Dritte Zwischenzeit Epoche der ägyptischen Geschichte vom Anfang der XXI. bis zum Ende der XXIV. *Dynastie* (1069–715 v. Chr.), zwischen dem *Neuen Reich* und der *Spätzeit*

Dynastie Reihe von *Pharaonen*, die einer Familie entstammen. Im alten Ägypten gab es 30 Dynastien.

E

Emmer Weizenart, die im alten Ägypten häufig angebaut wurde

Erste Zwischenzeit Epoche der ägyptischen Geschichte vom Beginn der VII. bis zum Ende der X. Dynastie (2181–2055 v. Chr.), zwischen dem *Alten* und dem *Mittleren Reich*

F

Fayence Bemalter und glasierter Ton, aus dem viele kleine Objekte hergestellt wurden, zum Beispiel *Amulette*

Frühdynastische Zeit Epoche der ägyptischen Geschichte, welche die ersten beiden *Dynastien* umfasst (3100–2686 v. Chr.)

G

Geißel Landwirtschaftliches Gerät, mit dem Korn gedroschen wurde. Auf vielen Darstellungen hält es der *Pharao* in der linken Hand. In der Rechten hielt er den *Krummstab*.

Giseh *Pyramidenstätte* in der Nähe von Kairo. Dort wurden im *Alten Reich* die größten *Pyramiden* der *Pharaonen* Cheops, Chephren und Mykerinos erbaut.

Grabbeigaben Nahrungsmittel, Kleidung und Schmuck, die der *Mumie* für das Leben im Jenseits mit ins Grab gegeben wurden

H

Hawara *Pyramidenstätte* des *Mittleren Reiches* in *Unterägypten*, südlich von *Giseh*

Herakleopolis Hauptstadt des alten Ägypten während der *Ersten Zwischenzeit*.

Hierakonpolis Früheste, d. h. noch vor der I. *Dynastie* angelegte Hauptstadt Ägyptens südlich von *Theben*. Sie wurde nach dem falkenköpfigen Gott Horus benannt und heißt „Falkenstadt".

Hieratisch Eine aus den *Hieroglyphen* entwickelte, vereinfachte Handschrift

Hieroglyphen Älteste Schrift im alten Ägypten. Sie setzte sich aus Bildzeichen zusammen, die für Laute oder Wörter standen.

Hyksos Volksgruppe aus Palästina, die sich in Ägypten ansiedelte und die XV. *Dynastie* hervorbrachte. Die Hyksos führten Pferd und Streitwagen in die ägyptische Kriegführung ein.

Hypostyl Besondere Form der Säulenhalle, die im *Neuen Reich* gebaut wurde. Das Wort stammt aus dem Griechischen und bedeutet „auf Säulen ruhend".

I

Ibis Ein Flussvogel mit einem langen dünnen Schnabel, der den Gott Thot verkörperte. Dieser Gott der Weisheit und der Schrift wurde mit einem Ibiskopf dargestellt.

J

Jugendlocke Lange, seitlich am Kopf getragene Haarlocke bei Jungen. Wenn sie das Erwachsenenalter erreichten, wurde sie ihnen in einer feierlichen Zeremonie abgeschnitten.

K

Ka Körperseele eines Verstorbenen, die nach dem Glauben der Ägypter im Grab überlebte, vorausgesetzt, sie hatte Grabbeigaben zur Verfügung

Kanopen Vier Gefäße, in denen die mumifizierten Eingeweide (Lunge, Leber, Magen und Darm) eines Verstorbenen aufbewahrt wurden

Karnak Riesige Tempelanlage bei *Theben*, die dem Gott Amun-Re geweiht war. Karnak erreichte seine größte Ausdehnung im *Neuen Reich*.

Kartusche Ein Oval, das um einen Herrschernamen gemalt wurde. Diese Form symbolisierte Ewigkeit und stellte den König unter den Schutz der Götter.

Katarakt Stromschnellen auf dem Nil. Der Erste Katarakt bildete die Grenze zwischen Ägypten und *Nubien*; andere Katarakte lagen noch weiter im Süden.

Kemet Altägyptischer Name für Ägypten, der „Schwarzes Land" bedeutet und von dem fruchtbaren Nilschlamm, der alljährlich das Land überschwemmte, herrührt.

Königsbart Ritueller, künstlicher Bart, der von Herrschern bei wichtigen Zeremonien getragen wurde

Krummstab Ein Hirtenstab, den der *Pharao* im alten Ägypten als Zeichen seines Königtums in der rechten Hand hielt. In der Linken hielt er die *Geißel*.

L

Lapislazuli Kostbarer dunkelblauer Stein aus Afghanistan, der im alten Ägypten für *Amulette* und Schmuck verwendet wurde

Libyen Das Wüstenland westlich von Ägypten

Lischt *Pyramidenstätte* in *Unterägypten* südlich von *Daschur*, in der die Herrscher der XII. *Dynastie* bestattet wurden

Lotosblume Pflanze zur Herstellung von Parfüm und das Symbol für *Oberägypten*

M

Mastaba Rechteckiges Grabmal mit Flachdach. Vorläufer der *Pyramiden*.

Memphis Hauptstadt Ägyptens während des *Alten Reiches* südlich des *Nildeltas*

Mitregentschaft Herrschaftssystem, das sich im *Mittleren Reich* durchsetzte. Ein ausgewählter Nachfolger regierte gemeinsam mit dem *Pharao*, um die Machtübernahme nach dessen Tod zu vereinfachen.

Mittleres Reich Epoche in der ägyptischen Geschichte vom Anfang der XI. bis zum Ende der XIV. *Dynastie* (2055–1650 v.Chr.)

Mumie Konservierter Leichnam. Im alten Ägypten wurden Leichname von Menschen und Tieren künstlich mumifiziert. Man trocknete sie mit *Natron* aus und umwickelte sie mit Leinenbinden.

Mundöffnungsritual Diese Zeremonie wurde an jeder Mumie durchgeführt. Sie sollte die Sinne des Verstorbenen wiederbeleben, damit er im Jenseits Gebrauch davon machen konnte.

N

Narmer-Palette Schminkpalette aus Stein, die in *Hierakonpolis* gefunden wurde. Darin sind prächtige Reliefs eingraviert, die den Sieg des oberägyptischen Königs Narmer über *Unterägypten* feiern.

Natron Salzart, die an den Ufern der ägyptischen Salzseen gefunden wurde. Die alten Ägypter benutzten das Natron, um während des Mumifizierungsprozesses den Körper auszutrocknen.

Negade-Kultur Unter diesem Namen fasst man die Völker zusammen, die das Niltal vor der *Frühdynastischen Zeit* besiedelten.

Nemes-Kopftuch Gestreiftes Kopftuch, das die *Pharaonen* trugen

Neues Reich Epoche der ägyptischen Geschichte vom Anfang der XVIII. bis zum Ende der XX. *Dynastie* (1550–1069 v.Chr.)

Nilflut Zeitraum zwischen Juni und September, in dem der Nil jedes Jahr von Neuem dasLand überschwemmte

Nilometer Ein Bauwerk oder Brunnen im Niltal, auf dem eine Messlatte vermerkt war, die den Wasserstand des Flusses während der jährlichen Flut anzeigte

Nome So hießen die Verwaltungsbezirke im alten Ägypten.

Nubien Land im Süden Ägyptens, aus dem die *Pharaonen* Gold, Edelsteine und Sklaven bezogen

O

Obelisk Lange, eckige Steinsäule mit einer *pyramiden*artigen Spitze, auf der die Ruhmestaten der Könige verewigt wurden

Oberägypten Der südliche Teil des alten Ägypten

P

Papyrus Wasserpflanze, aus der Körbe, Seile, Sandalen, Medizin und Papier hergestellt wurden; außerdem ein Symbol für *Unterägypten*.

Pharao König oder Königin im alten Ägypten

Pylon Breites Steintor am Eingang eines Tempels. Das Wort stammt aus dem Griechischen und bedeutet „Tor".

Pyramide Grabmal mit einem quadratischen Grundriss und vier spitz zulaufenden Seiten, in dem der mumifizierte Leichnam des *Pharaos* bestattet wurde

Pyramidentexte Sammlung religiöser Texte, die in den Pyramiden des *Alten Reiches* gefunden wurden

R

Relief Bild, das in eine Fläche graviert wurde oder aus ihr hervortritt

Rote Krone Krone der Herrscher über *Unterägypten*

S

Saff-Grab Grabtyp der Herrscher der frühen XI. *Dynastie*. Saff-Gräber wurden direkt in den Felsen gehauen. Ihre Eingänge schmücken Säulenreihen. Saff ist das arabische Wort für „Reihe".

Sakkara Grabstätte in der Nähe von *Memphis*, südlich von Kairo

Sarkophag Großer Steinsarg. Das Wort stammt aus dem Griechischen und bedeutet „Fleischverzehrer".

Satrap Persisches Wort für einen Provinzstatthalter

Schöpfungshügel Mythische Insel, die bei der Schöpfung der Welt aus den Wassern des Chaos emporstieg

Schreiber Person, die lesen, schreiben und rechnen konnte und daher meist in der königlichen Verwaltung beschäftigt war

Sed-Fest Fest, bei dem die göttliche Kraft des *Pharaos* symbolisch erneuert wurde, in der Regel in seinem 30. Regierungsjahr

Senet Brettspiel, das dem heutigen Dame-Spiel ähnelt. Das Brett besaß 30 Felder.

Serdab Kammer oder Tempel in einem Grabmal, in der eine Statue des Verstorbenen aufgestellt war. Das Wort stammt aus dem Arabischen und bedeutet „Keller".

Serekh Viereckiger Rahmen, der in der *Frühdynastischen Zeit* und im *Alten Reich* um einen Herrschernamen gemalt wurde

Skarabäus Käfer, der bei den alten Ägyptern als heilig galt

Spätzeit Epoche der ägyptischen Geschichte vom Beginn der XXV. *Dynastie* bis zum Ende der Perserzeit (747–332 v.Chr.)

Sphinx Wesen mit dem Körper eines Löwen und dem Kopf eines Menschen, meist der eines *Pharaos*

Stein von Rosette 1799 entdeckte Steintafel, auf der der gleiche Text in *Hieroglyphisch*, *Demotisch* und Griechisch eingraviert war. Mithilfe dieses Steins gelang es den Wissenschaftlern endlich die *Hieroglyphen* zu entziffern.

Stele Langer, mit *Hieroglyphen* und Symbolen bedeckter Steinblock

T

Tag-und-Nacht-Gleiche Die beiden Tage im Frühjahr und Herbst, an denen Tag und Nacht gleich lang sind

Tal der Könige Grabstätte in der Wüste westlich von *Theben*, wo man die *Pharaonen* des *Neuen Reiches* in Felsengräbern bestatte

Theben Hauptstadt Ägyptens während des *Neuen Reiches*

Totenbuch Sammlung von über 200 Sprüchen, die der Mumie mit ins Grab gegeben wurde, um sie auf ihrer Reise ins Jenseits zu beschützen

U

Unterägypten Der nördliche Teil des alten Ägypten

Uschebtis Dienerfiguren, die Verstorbenen mit ins Grab gegeben wurden. Die Ägypter glaubten, sie würden im Jenseits erwachen und dem Toten dienen.

W

Weiße Krone Krone der Herrscher über *Oberägypten*

Wesir Der Erste und höchste Minister einer Regierung. Er informierte den *Pharao* über alle wichtigen Angelegenheiten.

Wiegen des Herzens Die Ägypter glaubten, der Gott Anubis würde das Herz des Verstorbenen während des Totengerichts gegen die Feder der Wahrheit aufwiegen. Auf diese Weise überprüfte er, ob der Tote es wert war, ins Jenseits einzutreten.

Z

Zweite Zwischenzeit Epoche der ägyptischen Geschichte vom Beginn der XV. bis zum Ende der XVII. *Dynastie* (1650–1550 v.Chr.), zwischen dem *Mittleren* und dem *Neuen Reich*

Register

Dank

Dorling Kindersley dankt: Chris Bernstein für das Register; Rosie O'Neill und Kate Bradshaw für Redaktionsassistenz und Mark Millmore von Eyelid Productions für digitale Grafiken.

Bildnachweis

Der Verlag dankt folgenden Personen und Institutionen für die freundliche Genehmigung zum Abdruck der Fotos:
(o=oben, u=unten, r=rechts, l=links, m=Mitte)

akg-images: 57m, 130l; Andrea Jemolo 6-7mu, 13or, 13ur, 34ol, 48mul, 94l, 95m, 114ol; Erich Lessing 10l, 16ol, 24ol, 31or, 49u, 53or, 72-73o, 81r, 88l, 105ur, 109r, 115o, 126o, 128-129um; Francois Guénet 108ol; Francois Guénet/Egyptian Museum, Cairo 101r; Robert O'Dea 68-69o; The Egyptian Museum, Cairo 43ur, 136m. Alamy Images: Peter Bowater 142-143, 144; Sylvain Grandadam/Robert Harding Picture Library 127, 129o. Ancient Art & Architecture Collection: 100um, 100o, 106-107mu, 113ol; J. Stevens 23ol; R. Sheridan 78-79u, 100ul. The Ancient Egypt Picture Library: 21or, 22ur, 22l, 23ur, 27or, 41or, 46mu, 47m, 51ur, 56-57, 61o, 63mun, 71ur, 81u, 101ol; Cairo Museum 49r, 137mlo; Luxor Museum 3uml, 77mul, 80ol. The Art Archive: Archaeological Museum Naples/Dagli Orti 134ol; Bibliotheque des Arts Decoratifs Paris/Dagli Orti 88or; British Museum/Dagli Orti 41ur; Dagli Orti 12ol, 32-33mu, 37or, 44mur, 45mlu, 50-51, 52ml, 102-103, 108-109m, 110ul, 121mlu, 122-123, 123or, 128m; Egyptian Museum Cairo/Dagli Orti 25mu, 44-45, 84u, 95mlu, 102um, 104ol; 107mlu, 113mr, 120mru, 122l, 123ur, 136mur, 141or; Egyptian Museum of Cairo 103r; Musée du Louvre Paris/Dagli Orti 22um, 40ul, 96ol, 104ml, 104mlu, 106mru, 108ul, 140ul; Museo della Civilta Romana Rome/Dagli Orti 130um; Museo Nazionale Romano Rome/Dagli Orti 129mr; Ragab Papyrus Institute Cairo/Dagli Orti 89ur. Art Directors & TRIP: 110ol; H Rogers 110-111m. Charles Best: 28-29, 54-66, 67u, 74u, 95r, 112umr, 116u, 118-119, 140ml, 140m, 140mr, 141ul, 141ur. Photo Courtesy of Jon Bodsworth, The Egypt Archive: The Egyptian Museum, Cairo Archive 20ol. www.bridgeman.co.uk: Ashmolean Museum, University of Oxford 95mu, 96ul; Brooklyn Museum of Art, New York, USA 47ur; Brooklyn Museum of Art, New York/Charles Edwin Wilbour Fund 36ol; Egyptian National Museum, Cairo 3mur, 90, 98ol, 100mu; Egyptian National Museum, Cairo/Giraudon 91mlu, 98-99; Egyptian National Museum, Cairo, Egypt 136mul; Peter Willi/Louvre, Paris, France 14ul; Peter Willi/Musee des Beaux Arts, Grenoble, France 126bl. Peter Clayton: 46-47. Corbis: 4-5o, 19mlu, 30-31; Archivo Iconografico, S.A 64ol, 67ur, 75ol, 79or, 90mru, 90-91mu, 92l, 97r; Bob Rowan; Progressive Image 40l; Charles & Josette Lenars 105om; Charles O'Rear 67or; Christine Osborne 82ul; Craig Tuttle 64-65o; Gary Braasch 130-131o; Gian Berto Vanni 3umr, 106; Gianni Dagli Orti 36-37, 41um, 62l, 72ml, 96-97, 115ur, 123mr, 125or; Giraud Philippe/Sygma 2umr, 6; Jonathan Blair 120-121mu, 124-125m, 124-125o; K.M Westermann 62-63, 63ol; Larry Lee Photography 140-141; M. Angelo 138; Martin B. Withers; Frank Lane Picture Agency 6mur, 8-9u; Michael Nicholson 68-69u, 70ol, 78ul; Mike Southern; Eye Ubiquitous 87o; O. Alamany & E. Vicens 76mur, 85ur; Patrick Bennett 114-115o; Paul Almasy 56ol, 111; Pierre Vauthey/Sygma 8-9o; Randy Faris 2ur, 18-19; Richard T. Nowitz 93r; Robert Holmes 14-15m; Roger Wood 17ol, 34or, 75ul, 116o, 118or, 132-133, 137mlu; Ron Watts 3ul, 32-33; Ruggero Vanni 94or; Sandro Vannini 71or, 84o, 103um, 112, 130umr, 134um, 137um; Vanni Archive 54-55o; Werner Forman 15r; Wolfgang Kaehler 66om. DK Images: British Museum 10o, 14ur, 14mur, 16ul, 16ur, 38-39u, 46ml, 48l, 48o, 53o, 55or, 55ur, 56ul, 58-59mu, 60ol, 63or, 63mru, 64ml, 64u, 65u, 65r, 75om, 75mro, 75umr, 78l, 83ur, 88ur, 88-89, 89or, 100 (linen), 124mo, 125ur, 135ol, 137mru, 141mo; Copyright Judith Miller/DK-Sloan's USA 14mru; Daniel Moignot, P.L.J. Gallimard Jeunesse Larousse 28mlu; Rosicrucian Egyptian Museum, San Jose, California 20-21; Stephen Hayward 11um. Matthew Davey: 2-3. Egypt Exploration Society, London: 134-135 (background of boxes). Werner Forman Archive: The Egyptian Museum, Cairo 33mul, 39r. Getty Images: Kathleen Campbell 11um; Michael McQueen 3uml, 58; Rosemary Calvert 4-5m. Griffith Institute, Oxford: 42-43; Harry Burton 101oml. Robert Harding Picture Library: F.L. Kenett 99or; Rainbird 98-99. © Michael Holford: 3um, 76. Model Designed: Barry Kemp, Michael Mallinson and Kate Spence. Built by Andrew Ingham Associates, Photography by David Grandorge: 93ol. Jurgen Liepe: 58mur, 59mul, 60ul, 72-73u. Mark Millmore/Eyelid Productions: 3ur, 12, 18-19m, 26-27, 32mur, 34-35, 76-77mu, 86, 120-121. NASA: 52or. National Geographic Image Collection: Kenneth Garrett 82-83, 87ur. Petrie Museum of Egyptian Archaeology, University College London: 57ur. Reuters: Aladin Abdel Naby 117o. Science & Society Picture Library: Science Museum 141ol. Science Photo Library: Brian Brake 7mul, 16-17, 136-137; John Sanford 26om, 42-43o, 52-53o, 66-67o; NASA 11. Topfoto.co.uk: The British Museum/HIP 128o, 136ur.

Cover Vorderseite und Rücken: Egyptian National Museum, Kairo; Rückseite: Corbis: Sandro Vannini (ur), DK Images: Alistair Duncan (mlo); British Museum (ml, mr, mro).